BEI GRIN MACHT SICH IHR WISSEN BEZAHLT

- Wir veröffentlichen Ihre Hausarbeit,
  Bachelor- und Masterarbeit

- Ihr eigenes eBook und Buch -
  weltweit in allen wichtigen Shops

- Verdienen Sie an jedem Verkauf

Jetzt bei www.GRIN.com hochladen und kostenlos publizieren

Hans Bötticher (Joachim Ringelnatz)

11 Novellen

GRIN Verlag

Bibliografische Information der Deutschen Nationalbibliothek:

Die Deutsche Bibliothek verzeichnet diese Publikation in der Deutschen National-
bibliografie; detaillierte bibliografische Daten sind im Internet über http://dnb.d-
nb.de/ abrufbar.

Impressum:

Copyright © 2008 GRIN Verlag GmbH
Druck und Bindung: Books on Demand GmbH, Norderstedt Germany
ISBN: 978-3-640-23492-9

Dieses Buch bei GRIN:

http://www.grin.com/de/e-book/120159/11-novellen

GRIN - Your knowledge has value

Der GRIN Verlag publiziert seit 1998 wissenschaftliche Arbeiten von Studenten, Hochschullehrern und anderen Akademikern als eBook und gedrucktes Buch. Die Verlagswebsite www.grin.com ist die ideale Plattform zur Veröffentlichung von Hausarbeiten, Abschlussarbeiten, wissenschaftlichen Aufsätzen, Dissertationen und Fachbüchern.

Besuchen Sie uns im Internet:

http://www.grin.com/

http://www.facebook.com/grincom

http://www.twitter.com/grin_com

Hans Bötticher (Joachim Ringelnatz)

Novellen

Inhaltsverzeichnis

Das – mit dem »blinden Passagier« (1910)

Alwine, die Blumenverkäuferin im Kurhause des Nordseebades Soldorp, pflegte in Augenblicken der Aufregung immer etwas Auffallendes zu tun.

Diesmal drehte sie, während sie in Gedanken Pflicht und Vernunft gegeneinander wog, den obersten Westenknopf von Steuermann Lauken andauernd von links nach rechts, als habe sie es mit dem verkörperten Wankelmut zu tun, dem sie das Genick abdrehen wolle. Und als es so weit gelang, als Lauken halb ungeduldig, halb verwundert dem davonrollenden Knopfe nachblickte – da endlich antwortete sie ihm leicht errötend, aber mit fester Stimme: »Nein, nein, Jahn; es geht nicht. Er kann noch zurückkommen, und dann – du weißt doch.«

»Aber es sind fast 7 Jahre, daß Henry fort ist«, wandte Jahn traurig ein, »so lange bleibt keiner bei der Fremdenlegion. Sieh mal, Wine, daß ich Steuermann bin und er nur ein Matrose – das will nichts heißen, dazu will ich gar nichts sagen, aber Henry kann tot sein; er kann irgendwo in Australien leben – mit einer anderen. Hier meine Hand, Wine, ganz ohne Eifersucht gesprochen: – treu ist Henry dir nicht. In der ganzen Welt gibt es Briefpapier und – –«

Alwine drehte sich unwillig um und sagte unterbrechend: »Nein, ich will so etwas nicht hören. Du hast ihn nicht gekannt. Der schreibt nicht, hat nicht geschrieben und wird nicht schreiben. Es wird ihm schlecht gehen bei den Franzosen. Tom Hansen hat mir erzählt, wie's dort zugeht. Und Henry wird zu stolz sein, das zu schreiben. – Er kann auch tot sein, ja – – aber wenn er noch lebt, dann ist er mir treu geblieben, wie ich ihm treu geblieben bin.«

»Und wenn er nun tot ist und du erfährst es nicht? – Ertrunken, in Afrika ermordet, verunglückt? Willst du ewig warten? Wine, willst du einmal ganz einsam sterben?«

Alwine schwieg. Sie war ans Fenster getreten und fischte mit ihrem Haarkamm Ameiseneier aus dem Goldfischglas, ohne zu wissen, was sie tat.

Der Steuermann fühlte, daß er Boden gewonnen. Eindringlicher und zärtlicher fuhr er mit der weichen Stimme eines Menschen, der keine Hintergedanken hegt, fort: »Bin ich dir nicht auch treu gewesen? Habe ich nicht in vier Jahren viermal bei dir angefragt, mich immer wieder vertrösten lassen und bin doch immer wieder gekommen? In ein paar Tagen gehen wir wieder in See. Wine – Winchen – laß uns heiraten. Du wirst es gut bei Steuermann Lauken haben, vielleicht auch bald bei Kapitän Lauken.«

Und er küßte sie sacht auf die Schulter und wischte sich vorher mit dem Handrücken den Mund ab, als könne da noch etwas von den vielen ausländischen Seemannsküssen hängengeblieben sein. Sie aber bemühte sich vergeblich, ihre Tränen zurückzuhalten, und als sie auf einmal in dicken Perlen unaufhörlich über die roten, vollen Backen rannen, da gab sie ihm eine derbe Hand und sagte: »Nur noch eine Reise, bitte, Jahn, und wenn du dann zurückkommst und keine Nachricht von Henry da ist, dann« – –

Pftzsch! – Das war so einer von Alwinens treuherzigen Küssen gewesen, die wie ein Siegel waren, dem nichts hinzuzusetzen ist. –

Jahn begab sich, innerlich heiter, äußerlich mit der erkünstelten Würde des Siegesgewissen, an Bord der »Florida«.

Ein paar Tage später ging der Dampfer auf »wilde Fahrt« in See.

Liverpool – Venedig – Odessa – Nikolajew. –

Als Monate vergangen, da lag das Schiff im Hafen von Algier, um Kohlen einzunehmen und dann die Heimfahrt über Hamburg anzutreten.

Steuermann Lauken stand auf dem Hinterdeck. Lächelnd sah er den arabischen Arbeitern zu, wie sie auf den schmalen, von einer Kohlenschute zum Dampfer führenden Laufbrettern hin und her trippelten und – je zwei Mann mit einem kleinen Korbe – unter monotonen Gesängen die Kohlen an Bord trugen.

Da lief ein weißer Mann, rothaarig, recht ärmlich gekleidet und mit zerrissenen Segeltuchschuhen an den Füßen, über den Steg. Er sprach einen Moment mit dem Posten und schritt dann, dessen Fingerzeige folgend, auf Lauken zu.

»Steuermann«, begann er, seine englische Mütze ziehend, »ich möchte mich gern nach Deutschland 'nüber arbeiten. Ich habe lange als Matrose gefahren und verstehe meine Arbeit. Ich habe kein Geld mehr.«

»Tut mir leid,« antwortete Lauken und musterte den langgewachsenen Menschen scharf, »die Besatzung des Schiffes zählt 25 Mann. Die sind vollzählig. Mehr darf ich nicht annehmen.«

Der andere sah einen Augenblick zu Boden und sagte dann: »Es ist keine Arbeit hier an Land zu finden. Auch der deutsche Konsul hat mich abgewiesen.«

Lauken zuckte mit den Achseln. Der Matrose bat beharrlich: »Vielleicht reden Sie mit dem Kapitän?«

Das war unvorsichtig gesprochen. Der Steuermann, der von dem kränklichen Kapitän unbeschränkte Vollmacht erhalten, entgegnete ein wenig gekränkt: »Der kann Ihnen auch nicht helfen. Das Schiff darf 25 Mann Besatzung, nicht einen Mann mehr, mitnehmen, nicht einmal zahlende Passagiere.«

Da der Fremde schwieg, fragte Lauken: »Wo sind Sie zu Hause?«

»In Soldorp an der Nordsee.«

Es überlief Lauken kalt. Minuten dauerte es, bis er Worte fand, und diese klangen unsicher, fast zitternd. »Wie kommen Sie denn hierher?«

»Ich bin von der Fremdenlegion desertiert. Nehmen Sie mich doch mit, Steuermann!«

Freimütig, männlich war das gesagt. Etwas wie Stolz lag dahinter, was Lauken Achtung einflößte. Er antwortete mit mehr Wärme als zuvor: »Ich würde Sie gern mitnehmen, aber ich habe keine Erlaubnis dazu, und ich habe noch immer getan, was ich dem Kapitän und der Reederei schuldig bin.«

Der Steuermann hatte wahr gesprochen, und was ihm an Gedanken durch den Kopf gegangen, war sehr edel gewesen. Er hätte eine tiefe, schöne Freude darin gefunden, den Matrosen seiner Braut zurückzubringen, gerade weil er in ihm den Nebenbuhler erkannt. Nur das reine, ehrliche Denken Laukens war es, das gleich bereit war, eine Liebe zu opfern, noch ehe er erwog, daß er eine doppelt wertvolle Freundschaft dafür eintauschen würde.

Aber es war ja unmöglich. Die Reederei erlaubte es nicht. Der strenge, in seiner Krankheit leicht reizbare Kapitän hätte es niemals zugegeben.

Lauken handelte pflichtgemäß.

5

Doch als Henry mit trotzigem Schweigen seine Mütze aufsetzte und dann in aufrechter Haltung, festen Schrittes von Bord ging, da fühlte der Steuermann, wie weh ihm das tat. Gern hätte er den Deserteur zurückgerufen. Als er es wirklich wollte, war es zuspät.

Lauken suchte die Arbeit auf. Er beaufsichtigte gewissenhaft seine Untergebenen, er schrieb und besorgte allerlei, noch fleißiger als sonst, um peinigende Gedanken zu betäuben.

Am nächsten Morgen um drei Uhr lief der Dampfer aus. Als er die hohe See erreicht hatte, wurde die Steuerbordwache zu Bett oder, wie es seemännisch heißt, zur Koje geschickt, während die Leute von Backbord Befehl erhielten, das Oberdeck vom Kohlenstaub zu reinigen.

Steuermann Lauken, der keinen Dienst hatte, konnte nicht Schlaf finden. Er wanderte, von wilden Gedanken bewegt, durch alle Schiffsräume.

Henry lebte. Henry war ein treuer Mensch. Henry war in Not und sehnte sich heim. Er, Lauken, sein Nebenbuhler, hatte ihm den Weg abgeschnitten, und er, Lauken, hatte doch seine Pflicht getan.

Das beschäftigte, quälte und tröstete ihn rastlos. Er lief durch den Ladungsraum, wo man in Odessa Säcke mit Getreide aufgestapelt hatte. Er irrte durch das Zwischendeck. Er kletterte hinab in den Kohlenbunker, und dort, in dem schwachen Licht, das von oben hereinströmte, sah er etwas, was ihn starr und erschüttert stehenbleiben ließ, als habe er eine gespenstige Erscheinung vor sich. Aus dem hohen Haufen schwarzen Gesteins ragte ein Kopf hervor, ein Kopf mit roten Haaren, mit drohenden, verzweifelnden Augen.

Lauken erkannte, was das war, und er wußte, was er zu tun hatte, aber sein stärkstes Mitleid siegte über sein stärkstes Pflichtgefühl.

Einige Minuten lang herrschte spannende Stille da unten. Darauf sah Lauken über den Kopf hinweg in die Finsternis des Hintergrundes hinein, dann in die Höhe ringsherum an den Schiffswänden entlang, als suche er etwas. Endlich stieg er mechanisch an Deck und schloß sich in sein Zimmer ein. –

Seitdem verließ der Steuermann während der Freizeit nicht mehr seine Kabine. Hatte er Dienst, so blieb er meist auf dem Hinterdeck und mied ängstlich die unteren Räume. Alle wunderten sich darüber, daß er auf einmal so ernst und verdrossen dreinschaute. Niemand ahnte, daß er zum erstenmal eine Pflicht als Steuermann und Stellvertreter des Kapitäns unterlassen hatte, denn noch wußte niemand von dem blinden Passagier, von dem Steuermann Lauken wußte.

* *

*

Die spanische See ist ein böses Wasser. –

Die Notiz über die »Florida«, die durch alle Zeitungen lief, kam auch der Blumenverkäuferin im Kursaal zu Soldorp zu Gesicht. Es hieß da wörtlich:

»Der deutsche Dampfer ›Florida‹ kollidierte während eines Orkans mit der englischen Bark ›Springburn‹ auf der Höhe von Cadiz. Der Dampfer sank sofort. Die aus 25 Mann bestehende Besatzung wurde von den Matrosen der ›Springburn‹ gerettet.«

* *

*

Einige Jahre waren seit dem Untergang der ›Florida‹ verstrichen, und gewiß hatte keiner der Fünfundzwanzig das Ereignis vergessen. Einer solchen Katastrophe gedenkt man zeitlebens, wenn man mit dabei gewesen, da die Würfel auf Tod oder Leben rollten.

Für Lauken bedeutete es noch mehr. Ihm war das Haar seitdem ergraut, und er hatte das Lachen verlernt. Nun, da seine Wünsche in Erfüllung gegangen, da Alwine sein Weib geworden und er sie als Kapitän eines Bremer Dampfers auf weiten Reisen nach England, Spanien, ja nach Brasilien mit sich nahm, nun war er ernst, wortkarg und gleichgültig gegen alles geworden, was er sah und hörte. Und auch sie war nicht anders, die früher so lebhafte, heitere Wine.

Sie waren gut zueinander, wie vielleicht einsichtsvolle Gefangene zueinander sind, aber etwas Unausgesprochenes, Trauriges bedrückte beide, was sie nicht gemeinsam trugen.

Das – mit dem »blinden Passagier« konnte er nicht verwinden. War es nicht so, als habe er ihn gemordet? Der Braut den Bräutigam gemordet?

Hätte er nur ein Wort gesprochen damals auf dem englischen Schiff, als sie alle jubelten und bejubelt wurden, die Geretteten. Hätte er damals gerufen: Es fehlt noch einer! Im Bunker bei den Kohlen oder im Kornraum ist einer eingeschlossen! – dann wäre er rein geblieben.

An Rettung war da ja nicht mehr zu denken, aber er hätte sich freigemacht von der Qual dieses Geheimnisses.

Und Wine? Hätte er zu ihr gesagt: Dein Henry ertrank. Es war nicht meine Schuld. Er hatte sich im Schiff versteckt – wie frei mußte ihm jetzt zumute sein. Aber er hatte geschwiegen, auch später, wenn sie manchmal sich seufzend gewünscht, nur zu wissen, ob er noch am Leben sei. Er, an dessen Treue sie noch immer glaubte.

8

Lauken tastete mitunter nach Entschuldigungen. Was hätte es genützt, die Wahrheit zu sagen? Schmerz mußte es ihr bereiten und dem, der die Botschaft brachte. Konnte er damals vor sie hintreten, um zu sagen: Henry ist tot, heirate mich!? – –

Nein, es gelang nicht, sich rein zu waschen. Es blieb nicht nur Feigheit, sondern ein erbärmlicher Betrug.

Nun hatte er doch nichts von ihr und sie wohl auch nichts von ihm. Sie achteten und schonten einander, aber sie hatten sich wenig zu sagen. Sie küßten sich mitunter und fühlten dabei, daß es geschah, weil es Brauch war. Sie saßen manchmal Hand in Hand an Deck, um über das Meer zu schauen, und vergaßen dabei einander im tiefen Sinnen. Und doch dachten beide dann an den gleichen Mann. –

Da traf einmal die gefürchtete Order ein. Das Schiff fuhr von Cardiff nach Algier.

Lauken war ein kranker Mann geworden. Wine pflegte ihn unermüdlich und ohne zu klagen. Er verbarg die Unruhe, die ihn quälte, so gut er konnte, aber sie nahm zu, je weiter sie nach Süden gelangten, und als bei St. Vincent der Kurs geändert wurde, da war sie zum heißen Fieber geworden. Er kämpfte dagegen mit aller Macht, er wollte sich nicht niederlegen. –

Es kam eine sternlichte Nacht, da die See ganz ruhig geworden. Von Backbord aus sah man ein Licht am Horizont aufblinken. Das war das Feuer von Faro.

Die Matrosen und der Steuermann waren vorn mit dem Takelwerk beschäftigt. Kapitän Lauken stand mit seiner Frau an Deck. Sie hatten sich über die Reling gelehnt und schauten ins Wasser. Es war nichts Ungewöhnliches, daß sie so fast eine Stunde schweigend beisammen verharrten.

Endlich begann Lauken, ohne den Kopf zu erheben: »Alwine, nicht wahr, du kannst Henry nicht vergessen?«

Die Frau schrak zusammen. Es war das erstemal in ihrer Ehe, daß Jahn diesen Namen von selbst aussprach. Was bedeutete es?

»Aber Jahn —«, stieß sie nur hervor und bemerkte auf einmal, wie verstört er aussah. »Jahn, was ist dir?«

Er gab keine Antwort. Sie wußte nicht, was sie sagen sollte. Ihr Busen hob und senkte sich schnell. Sie drehte erregt ihren Trauring in der Hand, den sie unbewußt vom Finger gestreift.

Da wandte sich der Kapitän um, griff nach dem Ring und warf ihn in weitem Bogen über Bord.

»Dort – unten – liegt – Henry!« sagte er mit einer veränderten, ganz leisen, gramerfüllten Stimme.

Und als sie sich weinend an seine Brust schmiegte, so vertrauend wie nie zuvor, da erzählte er ihr, ganz langsam und mild, was niemand außer ihm wußte, – das – mit dem »blinden Passagier«. – – –

Das Feuer von Faro war längst außer Sicht. Das Schiff mußte ungefähr auf der Höhe von Cadiz sein.

Durch das Schlüsselloch eines Lebens (1911)

Aber als das Fest müde geworden, als jene schalen Späße auftauchten, welche die Lustigkeit bis zur ärmlichsten Dünne in die Länge ziehen, als das Gelächter schon im Lallen oder Gähnen verklang und in der Dunkelheit stiller Nebenräume menschliche Atemzüge vernehmlich auf- und niederstiegen, da bestellte sich Berthold einen Wagen und entfernte sich heimlich.

Indem er draußen dem kalten Winterwind aufgerichtet und mit weitgeöffnetem Mantel entgegentrat, kam er sich wie ein kühner Feldherr vor, nicht nur, weil ihn der Kutscher des Mietwagens entsprechend behandelte.

Der Dank eines durch Trinkgeld gerührten Dieners klang ihm nach. Der Schlag klappte beängstigend laut zu. Er vernahm ein Schnalzen, Getrappel, Gerassel und sagte mit fröhlichem Pathos: »Ich rolle.« Seinen Körper möglichst über vier Sitze verteilend, wandte er sich noch einmal nach den erleuchteten Fenstern der Villa zurück und ließ seinen Stolz in der Erinnerung baden, daß er in Gesellschaft reicher oder berühmter Leute vornehm gespeist und getrunken hatte.

Über den dick verschneiten Straßen dämmerte es bereits, und da Berthold Arbeiter, Bäcker und Milchweiber ihren frühen Geschäften nachgehen sah, ward seine gute Laune durch ein Gefühl von Beschämung gedämpft.

Irgendwo im Weichbild der Stadt ließ er halten und bezahlte den Kutscher. Die Folgegeister eines feurigen Burgunders hielten ihn wach und schürten die Lust zu der unvernünftigen Idee, mit Ballschuhen und Zylinderhut einen Morgenspaziergang über Land zu unternehmen.

Hinter den letzten Häusern sah Berthold eine weiße Wüste von Schnee vor sich und darüber einen wohltuend ruhigen, lichtgrauen Himmel. Die frische Luft klärte seinen Blick. Der noch jugendliche Mann sandte einen recht selbstbewußten Gedanken kondolierend nach dem heißen, verrauchten Saal zurück, den er als einer der ersten verlassen. Er war entschlossen, sich um einen Schlaf zu betrügen und seine kühne Stimmung in irgendein der Gelegenheit anzupassendes Erlebnis umzuschmelzen, wie man in der Neujahrsnacht heißes Blei ins Wasser gießt, um zu sehen, was daraus wird.

Die gleichmäßige Schneedecke verbarg Wege und Gräben, und nur die Krümmungen der Landstraße waren durch zwei Baumreihen mit gleichsam märchenhaft verzuckertem Gezweig gekennzeichnet. Aber Berthold stapfte quer über das verschneite Ackerland, oft tief versinkend. Wie ein schwarzes Boot durch ein weißes Meer ging er durch den weiten, weichen, blendend reinen, unberührten, jungfräulichen Schnee und genoß die Lust, ihn als erster zu durchwühlen. In dieser Lust lag etwas von der Freude des Vandalen oder von dem Vergnügen, das man empfindet, wenn man die gespreizte Hand in einen Sack voll Hafer versenkt. Und doch war ihm jemand zuvorgekommen, denn er stieß bald auf die Fußstapfen eines Menschen, der, ebenfalls Straßen verschmähend, die Felder durchquert hatte. Es waren zierliche Spuren in geringen Abständen, also wohl von einer Dame herrührend.

Ein Vogel schwang sich auf, als Berthold niederkniete, die Abdrücke zu untersuchen. »Guten Morgen, Rabe«, rief er, »ich bin Lederstrumpf – nein besser Sherlock Holmes. Wenn ich das Weib, das hier gegangen ist, erwische, dann kommst du vielleicht noch zu einem zarten Galgenfrühstück. Haha! Warte einmal – eins, zwei, drei, vier – – einundzwanzig Nägel hat sie im Absatz, jawohl!«

Der einsame Sprecher erhob sich lachend und schritt beschleunigt den Fußstapfen nach; er wünschte zu erfahren, wohin die Stiefelchen zu so früher Stunde gewandert waren.

Etwas später hob er ein blauseidenes Taschentuch auf, in welches er einen kleinen, unscheinbaren Notizkalender eingewickelt fand. Auf der Umschlagseite, mit Tinte mehr gemalt als geschrieben, stand: Lygia Valtin, Gruseliusstraße *3/IV.* Die inneren Buchseiten enthielten unter fortlaufenden Daten Bleistiftnotizen. Mühsam entzifferte er:

Graf Naschauer – Perlgürtel – Puderdose Bahnhof – Eisbahn – Putzi schreiben – Schutzmann Klimmer – Kneifer – vier Uhr Kaiserplatz Kleiner Schwarzer – Rezept Hirschpastete – ein Neger mit Gazelle zagt im Regen nie – Baron von Biegemann, Frankfurt am Main, Taunusstraße 7 – zwei Meter Moiréeband – Wäsche ... und ähnliche Notizen.

Es geschah an einem Januar-Freitag, da Berthold das las, und für diesen Tag fand er in dem Kalender die Bemerkung: »Mutters Todestag«, »Kleiner Schwarzer zwölf Uhr Mittag«. Das war der Inhalt des Büchleins. Der junge Herr stieß einen Pfiff aus; das gesuchte Abenteuer begann. Weitereilend gewahrte er bald, daß die Fährte, der er folgte, einem kleinen, abseits gelegenen Dorffriedhof zustrebte. Eine seltsame Rührung erfaßte ihn vorübergehend. Das Bild, das er sich nach den Stiefelabdrücken, dem stark duftenden Tuch und jenen Notizen in Gedanken von Lygia Valtin angefertigt hatte, bekam eine andere Gestaltung durch die Begriffe »Mutters Todestag« und »Feldfriedhof«. Die Achtung, die er vor der Unbekannten empfand, bewog ihn, ihre Verfolgung aufzugeben. Aber sein Interesse für die Dame war gestiegen, zumal er an dem Fund zu erkennen glaubte, daß sie hübsch, jung, gewiß auch reich an Beziehungen sei. Deshalb wollte er sie in ihrer Wohnung aufsuchen; bot doch das Tuch genügend Anlaß.

Während er die Strecke über die Felder im Zurück weit schneller als im Hin durchwatete, sann er auf eine originelle Anrede, sich bei Lygia einzuführen. – Er konnte beispielsweise beginnen: Gnädigste, ich heiße Berthold Sievers und komme, um Ihnen mitzuteilen, daß Sie einundzwanzig Nägel im linken Absatz tragen. – Dann vermochte er ihr verwirrtes Erstaunen noch höher zu schrauben, indem er etwa hinzulog: Außerdem läßt Ihnen Baron von Biegemann durch mich beste Empfehlungen und die Bekanntgabe zugehen, daß er sich mit der chinesischen Prinzessin Hink Puckling verlobt und gleichzeitig eine Hutkrempenfabrik in der Taunusstraße eröffnet hat.

Das mußte eine amüsante Unterhaltung zeugen, und Berthold nahm sich vor, erst dann mit Aufklärung, Taschentuch und Notizblock herauszurücken, wenn der Grundstein zu etwas Galantem oder Zartem oder Intimem gelegt sein würde. Und ein Mädchen, das am frühen Wintermorgen aufstand, um das entfernte Grab ihrer Mutter zu besuchen, war doch nicht anders als gemütvoll und liebenswert zu denken.

Als Herr Sievers die innere Stadt erreichte, war es heller Vormittag geworden, ein lebendiger, fröhlicher Vormittag. Die Stimmen des Orchesters »Verkehr« hatten eingesetzt. Der junge Mann betrat ein Speisehaus mit der Absicht, kräftig und behaglich zu frühstücken.

– –

Die Kirchtürme läuteten Mittag, als er im vierten Stock des dritten Hauses in der Gruseliusstraße klingelte. Eine ältliche Frau öffnete scheu, deren Gestalt an den Kugelaufbau eines Schneemannes erinnerte, eine Frau, deren Gesicht und Kleidung dabei etwas so Trübseliges, Verwaschenes und Ungewaschenes hatten, daß der närrische Gedanke durch Bertholds Gehirn zuckte: so ungefähr müßte man sich die Mutter des schlechten Wetters vorstellen. Er konnte ein Lächeln nicht unterdrücken, er wollte es auch gar nicht, da seine Laune voll Lustigkeit und Selbstzufriedenheit war. Überdies hatten sich die Überreste einer Mahlzeit, ein paar Makkaroni, auf unerklärliche Weise in das struppige Haar der Dame verwickelt, und das wirkte durchaus erheiternd.

Herr Sievers erhielt auf seine ausgesucht höfliche Frage nach Lygia Valtin die Antwort: Das Fräulein wäre ausgegangen, aber er sollte nur warten. Das wurde ihm etwas geheimnisvoll und nicht eben freundlich mitgeteilt, doch er nickte einverstanden. Darauf schob ihn die Frau, seine Ellbogen von hinten ergreifend, wie einen Kinderwagen durch einen nachtdunklen Korridor. In dem unbehaglichen Gedanken an Schrankecken oder Stufen wollte er Tastbewegungen machen, aber da wurde er auch schon in ein helles Zimmer gestoßen. Die Tür fiel hinter ihm zu. Er hörte, wie die Makkaronidame sich draußen auf Filzschuhen schlürfend entfernte.

Berthold hängte lächelnd Mantel und Hut an einen Kleiderständer zwischen eine blauseidene Matinée und eine Gitarre, dann nahm er auf einem vergoldeten Rokokostuhl Platz. Der Raum, in dem er sich befand, sah gutmütig aus. Er war durch einen Herdofen mollig gewärmt und – das bemerkte Herr Sievers sofort – er war kein Zimmer von irgendjemandem, er war eine ganze Welt für sich – für Lygia Valtin natürlich. Es standen dort moderne und alte Möbel, Tisch, Stühle, Bett, Kleiderschrank, Bücherregal, ferner ein Diwan, auf dem eine flachsblonde Puppe mit offenen Augen schlief, ein Reisekorb, auf dem gebrauchtes Kochgeschirr unordentlich durcheinander lag – auch der Schatten unterm Bett war indiskret. An den Wänden hingen zwei Revolver, ein Florett, ein Bademantel und viele Bilder. Berthold betrachtete: Gruppenphotographien junger Leute beiderlei Geschlechts, teils im Freien, teils in Zimmern aufgenommen, die ebenso bunt verstellt waren wie Fräulein Valtins Behausung. Diese Bilder lebten auf einmal. Aus ihren Rahmen sprangen Studenten, Offiziere, Kaufleute und Damen in ärmlichen oder besseren, aber immer auffallenden Kleidern, tanzten wie trunken, lachten schmetternd und redeten komischen Blödsinn, und eine Dame, die mehrfach vertreten war, mußte Lygia sein.

»Leidenschaftlich, rassig, beinahe spanisch«, dachte Berthold, und gleichzeitig hing die Gesellschaft wieder in toter Bilderform an der Wand, »phantastisch, aber geschmackvoll, mittelgroß, ebenmäßig, schlank, dunkelhaarig – etwa 25 Jahre alt. Sieht sich gerne abgebildet«. – Er fand sie in *grande toilette* ernst und würdig an eine marmorne Brüstung gelehnt, als strampelnder Pierrot, von zwei Türken getragen und auf dem Fahrrad, fesch, kühn, mit der weltverachtenden Miene der Berufsfahrer. Sie lag träumerisch hingegossen, seitlich auf dem Diwan, die rechte Hand in das langseidige Fell eines Hundes gewühlt, der sich schlangenartig an ihrem Busen zusammengerollt hatte. Sie stand nackt, mit erhobenem Schläger, mit stolz und streng zusammengezogenen Brauen wie eine rächende Göttin vor ihrem Schrankspiegel, der hinterrücks ihre göttlichen Rundungen verriet. An einem Necessaire auf der Waschkommode, zwischen einem Verschönerungsverein von Kämmen, Bürsten, Scheren, Feilen, Parfümflaschen, Augenstiften und Schminkschachteln, lehnte ein Kopf von Lygia, in greller Beleuchtung gezeichnet, ein Kopf mit wild verzerrten Augen und wirrem, aufgelöstem Haar. Der wie zum Schrei geöffnete Mund entblößte eine Reihe makelloser Zähne. Unter dem Bild stand »Dementia«.

»Sie kann schauspielern, sie hat Raffinement«, sagte der junge Mann laut vor sich hin. Seine Worte kamen nicht so gleichgültig heraus, wie er sie auszusprechen sich unwillkürlich bemühte. »Und das ist ihre Mutter«, fuhr er noch lauter, ja fast mit einem freudigen Schrei fort, indem er sich dicht an das vergilbte Porträt einer alten Frau beugte. Ein Kranz noch feuchtfrischer Tannenzweige war über das Bild gehängt. Berthold sah nach der Uhr. Es war so ganz still in dem Zimmer. Nur ein Kanarienvogel schrie unaufhörlich Pie-eps, pie-eps. Sein Käfig stand zwischen grotesken Kakteen und kleinen, aber gut gepflegten Palmen auf dem einzigen Fenstersims. Man hatte ihm einen Berg von Futterkörnern aufgeschüttet, der für einen Monat ausreichen konnte, doch das Trinkgefäß des Vogels war leer. Die Erde in den Gewächstöpfen war hart und trocken. Berthold überzeugte sich davon, während er lange vor dem Fenster, oder wie er es taufte, vor Lygias »Garten« auf- undabschritt. »Warum kommt sie nicht!« redete er den Vogel an, und als dieser keine menschliche Antwort gab, nannte er ihn ein dummes Tier, das nichts verstände als Pie-eps zu schreien und blanke Kupferstäbe zu beschmutzen. Dann wollte er wieder auf dem Stuhl Platz nehmen, aber dieses Möbel hinkte, darum vertiefte er sich lieber in einen bequemen Klubsessel und begann seine Begrüßungsrede mit Betonung der einundzwanzig Nägel zu memorieren. Er sah wieder nach der Uhr, erhob sich wieder, ging wieder geraume Zeit auf und ab.

Lygias Bett war aufgedeckt. Wie sauber es glänzte! Berthold erinnerte sich an den Schnee. Zu Fußende war ein Spiegel und darüber ein Kruzifix angebracht, hinter dem eine Hundepeitsche steckte. Auf den mit Stickereien durchbrochenen, luftig aufgebauschten Kissen lag ein Stoß weicher Spitzenhosen. Herr Sievers hielt kurz den Atem an, verdrehte die Augen, tauchte für einen Moment das Gesicht in die Wäsche und, obgleich er sich allein wußte, trat er doch darauf schnell und verlegen zurück. –

Pie-eps, pie-eps klang es vom Fenster her. Er ging auf und ab, trat ans Bücherregal und fing an, die Bände der Reihe nach herauszuziehen; Pakete, die ihn nicht erreichten, von Jakobus Schnellpfeffer, Rabelais, Gontscharows »Oblomow«, Goethes Gedichte, Ursache und Behandlung der Maul- und Klauenseuche, Die Kindsmörderin –

»Wem gehören diese Bücher?« fragte er sich. »Es ist doch, viel Gutes darunter, und der Kupferstich über dem Regal ist vorzüglich.«

Er lächelte, gähnte rücksichtslos und freute sich über die Unbefangenheit, mit der er Lygias Zimmer untersuchte. Trotzdem erkaltete sein Behagen an einem gewissen Gefühl des Fremdseins, ohne daß er sich dessen bewußt ward, und wie es ihm nicht gelang, die beobachteten Einzelheiten zu einem ganzen Gebäude zusammenzufügen, so fand er auch keinen Übergang von Lygias Häuslichkeit zu seiner eigenen.

Pie-eps, pie-eps klang es durch die Stille.

Es war spät geworden. Er sah es an der vorgerückten Dämmerung, deren Schatten das Zimmer merkwürdig entstellten. Er entzündete eine schlecht geputzte Stehlampe – mit der rotglasigen Ampel überm Bett verstand er nicht umzugehen. In spielerischen Schritten, den Kopf auf die Brust geneigt, umkeiste er mehrmals den Tisch. Später setzte er sich an den Schreibtisch, zog Schubfächer heraus und – er wußte, daß es unrecht war – begann Briefe durchzulesen.

Es waren ihrer viele, aber er las sie alle, bedächtig, langsam, mit zunehmender Spannung. Währenddem wurde sein Gesicht von einem Ausdruck des Ernstes und von einer edlen Ruhe verschönt.

Um ihn herum war alles still, auch der Vogel am Fenster schwieg jetzt. Herr Sievers saß lange Zeit vor den Briefen. Seine Gedanken errichteten Stufe für Stufe die Treppe, auf welcher Lygia Valtin geschritten – abwärtsgeschritten war. Er stellte sie sich vor, wie sie zaghaft ans Geländer geklammert, hinabgeschlichen, wie sie, als dieses aufgehört hatte, gestolpert, gefallen war, sich aufgerichtet hatte, wieder vorsichtig, dann leichtsinniger über die kalten Stufen gelaufen, zuletzt getanzt war und nun im Schwung nicht mehr einzuhalten vermochte.

»Wie verwunderlich ist das Leben«, sagte er, als ob er etwas ganz Neues aussprächte, und fügte hinzu: »Wo bleibt sie nur? Und ob mich denn die Wirtin ganz vergessen hat?«

Indes mahnte ihn plötzliche Müdigkeit an eine Nachtwache. Ihn wandelte das Verlangen an, sich auf Lygias Diwan auszustrecken und einzuschlummern wie ein Märchenprinz in fremdem Garten, ohne zu wissen, wie er erwachen, wer ihn wecken würde. Wunderschön mußte es doch sein, jetzt sanft, allmählich jede Klarheit zu verlieren, hinüber zu gehen in die Träume, willenlos dem Gedanken ergeben, daß er sich Unbekannten überlasse, daß Unbekannte ihn, den Unbekannten, finden würden. Und als er sich wirklich ganz leise, behutsam, aber doch bequem neben der flachsblonden Puppe niederließ, auf dem Diwan, der gewiß schon oft das Rauschen von Seide, das Stammeln der Leidenschaft und die herben Seufzer der Einsamkeit vernommen hatte, da ging eine leise Traurigkeit über ihn.

So lag er und sann über Lygia nach. Was würde sie wohl sagen und mit welchen Bewegungen, welcher Stimme? Ob sie wohl sehr spät käme? Aber er hatte sechs Stunden gewartet, er konnte auch sieben Stunden warten. »Vielleicht kommt sie nicht allein«, überlegte er, »und sie ist kühl, verwundert, dankt trocken, und ihr Begleiter lacht. Vielleicht kommt sie doch allein, die schlanke Frau, von der ich so viel weiß. Sie kann auch böse sein oder mit der Zunge anstoßen, oder, ohne über meinen Besuch zu erstaunen, sich auf meine Knie setzen.«

Ihm fiel jenes Sprichwort ein, das mit einfältigen Worten eine hübsche Weisheit faßt: Wenn's am besten schmeckt, soll man aufhören.

Herr Sievers erhob sich hastig. Er schlüpfte in seinen Mantel, setzte den Hut auf, knüpfte das gefundene Notizbuch wieder in das Seidentuch und warf es nahe dem Kleiderständer auf den Boden. Er tat das mit einer wachsenden inneren Aufregung. Dann verließ er das Zimmer. Jedoch im Rahmen der geöffneten Tür kehrte er nochmals um, ergriff einen Meißener Waschkrug und goß mit zitternder Hand Wasser in die Gewächstöpfe und in den Trinknapf des Kanarienvogels. Nun schlich er davon und erreichte die Straße, ohne jemandem begegnet zu sein.

Und obwohl er müde, hungrig und ungewaschen heimkehrte, erfüllte ihn doch ein geheimnisvolles Behagen, wie es ein guter Mensch empfindet, der durchs Schlüsselloch etwas Ungeniertes beobachtet hat, wie etwa ein Vater, der seinen Kindern so zugesehen hat.

Ja, auch er, Berthold, hatte durch ein Schlüsselloch, durch das Schlüsselloch eines Lebens geschaut, und da er daran dachte, daß es Millionen solcher Leben gab, von denen jedes wieder seine eigene Gestaltung besaß, war es nicht nur Behagen, was ihn erfüllte, war es ein tiefes Ergriffensein vor der Unermeßlichkeit der Menschheit.

Zwieback hat sich amüsiert (1911)

So ein Kriegsschiff wie die »Nymphe« sieht von außen schmuck und freundlich aus. Kommt man als Besuch an Bord, so bemerkt man viel Ruß und Öl und Enge und stößt sich mehrmals empfindlich an sehr interessanten Maschinen. Gehört man im Dienste fürs Vaterland selbst zum Schiff, so lernt man erstaunlich vielseitige Arbeit, viel drückendes, eisernes Müssen kennen, lernt sich unter freiem Himmel im Winter mit kaltem Wasser den Oberkörper waschen und andres.

Bei der Marine muß man sehr gesund sein, um sich wohlzufühlen, gesund an Leib und Seele. Zwieback war nicht gerade krank. Aber die Kameraden hielten ihn für schwächlich, und er litt darunter; denn als Matrose unter Matrosen für schwächlich zu gelten, ist etwas Qualvolles.

Zwieback hieß gar nicht Zwieback. Irgendwie war er zu diesem Spitznamen gekommen.

Niemals hatte er sich krank gemeldet. Er verrichtete den Dienst, den die anderen verrichteten, nur weniger gut als diese. Nie zeichnete er sich aus. In allem blieb er zurück, in allem, und das schmerzte ihn. Er begriff schwer, war ungeschickt und zerstreut beim Exerzieren. Seine Uniformstücke wiesen immer Flecke auf und karikierten die unschönen Formen seines Körpers.

Er hatte ein merkwürdig langes Gesicht, das durchaus nicht zur Uniform paßte. Außerdem war er sehr klein, aber auch nicht der kleinste. Denn in nichts war er der Erste oder Letzte. Er wurde mit kränkender Selbstverständlichkeit übersehen von den anderen.

Und immer wieder verglich er sich mit diesen anderen. Das waren starke, wohlgebaute, frische Kerle. Sie sahen wirklich aus, wie Matrosen aussehen. Er, Zwieback, sah doch nicht aus, wie Matrosen aussehen. Und sie lebten mit so viel Leichtigkeit und Sicherheit.

Es gab da Leute, die stundenlang in der schmutzigen Takelage arbeiten konnten, ohne daß ihre weißen Anzüge fleckig wurden. Und war es nicht grausam beschämend, wenn jemand sagte: »Zwieback, Sie sehen wie ein Ferkel aus.« Es gab Leute, die gefürchtet waren, weil sie sich die Gunst strenger Vorgesetzter erschmeichelten, und solche, die höchstes Ansehen genossen, weil sie auffallend kräftig und verwegen waren.

Warum verstand nur er, Zwieback, nicht die Kunst, sich als gleichwertiges Teil im Ganzen zu behaupten?

Hatte er sich einen Knopf angenäht, dann fand er zuletzt, daß er den Faden über den Rand des Knopfes gezogen. Das kam bei den anderen nicht vor.

Diese glücklichen anderen hatten Extrauniformen, und wie stürmisch sahen sie darin aus, wenn sie zur Urlaubsmusterung antraten. Und dann kamen sie zurück von Land mit leuchtenden Augen, heiß und rot, stolz und trunken, mit dem Gefühl himmelstürmender Kraft in den Adern.

Manchmal wachte Zwieback auf von dem aufgeregten Lachen, den jugendwilden Tritten der Zurückkehrenden. »Na, gut amüsiert?« fragte eine Stimme gähnend. »O, herrlich amüsiert!« antwortete jemand. In seinem Ton lag etwas von einem Trompetenstoß oder vom Wiehern eines Füllens. Und Frage und Antwort wiederholten sich. Laute und Worte drangen an Zwiebacks Ohr, die sich vor Befriedigtsein blähten.

Aus halboffenen Augen beobachtete er die, denen er unsäglich neidisch und sehnsüchtig zuhörte.

Die hatten das Geld, um in Wirtshäusern lustig zu sein. Die hatten ihre Mädchen. Die verstanden zu tanzen, hatten Freunde in Schlägereien und wurden nicht wegen vornehmer Manieren verspottet.

O, herrlich amüsiert. – Das Wort hatte sich in Zwiebacks Gehirn eingenistet und ließ ihn unruhig träumen. – – –

Er bat nur selten um Urlaub und dann um einzukaufen oder einsam, grübelnd über abgelegene Felder zu wandern. Niemand hielt es für möglich, daß Zwieback sich betrinken oder in eine Frau verlieben könnte. – – –

Die »Nymphe« lag jetzt vor Warnemünde.

Zwieback fuhr an Land. Er wollte heute außergewöhnlich leben, lustig, richtig vergnügt sein und auf bessere Art, als die anderen es waren. Er wollte nachts auch einmal antworten können: O, herrlich amüsiert! Er wollte einmal von den anderen beneidet werden. – –

Bald stapfte er durch die beruhigenden Flächen feinen Dünensandes am Wasser entlang, an unförmigen Strandkörben, an müßigen und lebhaften Gruppen eleganter Badegäste vorbei und erwartete ein Erlebnis.

Es konnte sich ungefähr so zutragen: Zwei hübsche, verwöhnt aussehende Backfische schwärmen vorüber. Sie verlieben sich in ihn. Können zwei Backfische, ohne sich zu verlieben, an einem einzelnen Mariner vorüberschwärmen, der durch das Einerlei einer Badesaison wie ein Meteor geht? – Gut: Backfisch eins läßt den Sonnenschirm fallen. Zwieback zeigt sich galant und gewandt.

O danke vielmals. – Bitte, ich tat das mit Vergnügen. – Sie sind sehr aufmerksam. – Es folgt ein Gespräch, das mit gewollter Notwendigkeit zum Strandkorb 609, zu den Eltern, Geschwistern und Bekannten der Backfische führt. Die Gesellschaft bewundert Zwieback. Er wird im Kreis herumgezeigt wie ein Singhalese und muß tausend Fragen beantworten. Was die gekreuzten Flaggen am Oberarm bedeuteten. Ob er nie seekrank war. Was ein Walfisch wiegt und ob Tätowieren weh tut. Am Kaffeetisch auf der Veranda in der Villa »Seeschwalbe« oder »Iduna« erzählt er von gefährlichen Erlebnissen als Seemann, als rauher Marinesoldat, vielleicht von dem entsetzlichen Sturm am Kap Horn, wo er den Admiral Teerlapp vertreten mußte. – – Die Augenbrauen der verstummten Zuhörer müssen sich zusammen- und ihre Münder sich in die Breite ziehen. – Im Abendschatten einer Laube küßt Zwieback den Backfisch oder die Backfische und empfängt die Chiffre für heimlichen Briefwechsel – – Aus all dem entspringt etwas, das sich durch Zwiebacks künftige Militärzeit wie der Golfstrom durch Polarwasser zieht. – – –

Aber es kam nicht so. Niemand sprach ihn an. Man sah ihm wohl nach. Manchmal schien es, als ob man hinter ihm lachte.

Er setzte sich nieder, schlang die Arme um die eingezogenen Beine, starrte nach der »Nymphe«, aufs Meer, in den Himmel und merkte auf einmal, wie hell und warm die Luft war. –

»– kommt – – – Kiel?«

Zwieback wandte scharf den Kopf und gewahrte zwei jüngere Herren in tadelloser Kleidung. Er hatte die Frage nicht verstanden und sagte das, sich erhebend.

Irgendwelche Auskunft wurde erbeten und gegeben. Die Herren waren ausgesucht höflich, und Zwieback gefiel sich darin, ebenso zu sein. Später saßen sie vor einer Flasche mit repräsentabler Etikette und hatten Namen genannt. Zwieback sprach. Er sprach von Torpedos, Granaten, Ankermanövern, Bootsmanövern, Landungsmanövern, Rettungsmanövern, Regatten, Salutschießen, Hängematten, Strafexerzieren, Nachtsignalen, »Klar Schiff«, wollenem Unterzeug, Matrosenkost, Funkenmimik und meteorologischen Drachen. Von sich selbst sprach er nicht. Er wollte einfach als Beispiel eines deutschen Matrosen reden und war stolz darauf, für eine vollwertige Durchschnittserscheinung zu gelten.

In dem Bemühen, den beiden Rostocker Studenten das gleiche Bild vom Marineleben beizubringen, das ihn selbst ergriffen, war er dann ganz rot geworden.

Die Herren sollten verstehen, wie hart und schön es sei, in einer heulenden Weihnacht auf landfernem Meer mit gläsernen Händen in steif beeistem Tauwerk zu hängen. Sie sollten von einem Flottenmanöver das aufregende Durcheinander, die durch kleine Worte beherrschte, farbige Massenverschiebung, das große Dröhnen, das drohende, blendende Blitzen, das freiatmende, tausendfache Wehen erfassen. An eine unvergängliche Poesie sollten sie glauben, begreifend, daß ein Scheinwerfer ein vom Dunkel verborgenes Segel plötzlich in eine weißglühende, orientalische Märchengestaltung verzaubern kann. In die Welt »Marine« sollten sie blicken, so wie Kinder eine große, brausende Maschine betrachten – –

»Fühlen Sie sich dort wohl?«

Das lange »O ja«, das Zwieback, tief Atem holend, zurückgab, klang wie nein.

Und es stand in gewissem Zusammenhang mit diesem Klange, daß eine Rose für den Matrosen gekauft wurde. – –

Zwei Dampfpinassen, mit lärmenden Blaujacken überladen, stießen unerbittlich pfeifend vom Ufer ab. Scheue Wellen bäumten sich unter den Schlägen der surrenden Schrauben und stürmten klatschend gegen das faulige, schwarzgrüne Holz des Pontons, auf dem ein lebhaftes Publikum Hüte und Tücher schwenkte.

Die in den Fahrzeugen sangen auf einmal

»Muß i denn, muß i denn —«

und junge Mädchen am Ufer warfen ihnen Blumen nach.

Zwei schaukelnde Pinassen entfernten sich rasch in der Richtung eines ruhelos glitzernden Lichtstreifens, der über die mäßig bewegte See nach der »Nymphe« führte. Zwieback saß unter den Berauschten, Lachenden, mit einer Rose in der Hand. Er sah nichts als Wasser und Licht und dachte glücklich, daß er viel getrunken habe. Darauf eilten seine Gedanken sprunghaft bald vorwärts, bald rückwärts.

Wie er ersehnt, erkundigte sich an Bord jemand: »Na, Zwieback, wie war's?«

»O«, rief er und rief es mit Siegerstimme, »fein, herrlich amüsiert!«

»Zwieback hat sich amüsiert!« klang es aus verschiedenen Richtungen, und das Wort ging herum. Leute fuhren aus halbem Schlaf empor, eilten, nur mit Unterzeug bekleidet, herbei, um zu sehen, wie Zwieback aussah, wenn er sich amüsiert hatte. Sie bestaunten ihn lächelnd, deuteten auf die Rose, die neben seiner Mütze lag, und wollten Näheres wissen.

Aber er gab nur einige stolze, raffiniert ausgedachte Andeutungen, während er sich entkleidete und seine Hängematte aufknüpfte.

Dabei schnitt er alberne, unnatürliche Grimassen, um zu verbergen, wie es ihn freute, beneidet zu werden. Liegend, die Rose nahe am Mund, schloß er die Augen. Es wurde still.

Einmal noch hörte er ganz ferne sagen: »Zwieback hat sich amüsiert.«

In seinen Gedanken wiederholte sich das Wort vielmals. Ja, es war herrlich gewesen! – Was war herrlich gewesen? – Langsam sog er den Duft der Rose ein. – Ein Mann hatte sie ihm geschenkt. Mit zwei ganz fremden Männern hatte er etwas Wein getrunken und Aufklärungen über Marineverhältnisse gegeben. – Aber waren es nicht Stunden langentbehrter, gleichfühlender Freundschaft gewesen? – Tanzende Matrosen – Mädchen mit Blicken zärtlicher, opferfähiger Treue fielen ihm ein. Er sah Kameraden mit verschlungenen Armen singend durch Straßen ziehen. – Und wiederum, was bedeutete eine Rose als Geschenk unter Männern! Ach – –!

Irgend etwas rief tonlos: »Armer Zwieback!« Und dann: »Reicher Zwieback!« Und dann wieder: »Armer Zwieback!« Und wieder: »Reicher Zwieback!« Und so immer fort, abwechselnd. – Ah –!

– – – – – – – – –

Zwieback schlief.

Gepolsterte Kutscher und Rettiche (1912)

Gerechtigkeit, Höflichkeit, Ängstlichkeit und andere Kommandanten ordneten die Leute vor dem Postschalter zu einer Reihe.

»Sieh mal, Alice, dort steht der Alte von gestern, der so komisch war«, flüstert ein Blondinchen einer vor ihr stehenden Dame zu. Alice antwortet über die Schulter zurück: »Jawohl – aus dem Kabarett, der die Speisekarte komponierte – Hugo Pielmann heißt er.«

Drei Glieder voraus in der Kette dreht sich darauf ein hoher, breitschultriger Herr um, mit schwarzem Schnurrbart, schwarzen dicken Brauen und weißem Haupthaar. Die Lippen und alle Muskeln in seinem Gesicht arbeiten, er will sprechen, aber es kommt nicht heraus. Zudem wird vor ihm gerade der Schalter frei. Pielmann bringt, herantretend, nur einen krächzenden Laut hervor, welcher aus Heiterkeit und Verachtung gemischt scheint. Er ringt wieder nach Worten, um eine Postanweisung zu verlangen, und ein Nachbar dolmetscht zuvorkommend, weil der Beamte nicht deutsch versteht. Am Nebentisch füllt Pielmann die Anweisung aus. Zuerst setzt er 15 Rubel ein, dann ändert er das in 10 um, endlich streicht er die 10 aus und malt eine 14 darüber. Bei Abfassung der Adresse an ein Fräulein Tilly so und so verfährt er sehr umständlich; er schreibt sie, obwohl zitterig, doch deutlich, kürzt weder »Straße« noch »Hinterhaus« ab und fügt an die Stockwerkzahl in Klammern die Bemerkung *vis-à-vis dem Starkastel«*. Den Abschnitt bedeckt er flüchtig mit Stichworten: »Letzter Vorschuß! Klavier: Wehe, wenn es losgelassen! Akustik: Horch! Da dringt verworrner Ton. Trotz Applaus mir gekündigt (weil ein Tag ausgesetzt, um Konzert Walter zu hören, Beeth. 9.!!! Symph.), Knopp begibt sich weiter fort. Neuen Hut gekauft. Soll ich Dir eine Troika oder einen Hermelinpelz aus

Rußland mitbringen? Herzlichst, der Alte, der gestern so komisch war.«

Wohl eine Stunde lang streift Pielmann durch Straßen und Gassen, aufmerksam Schaufenster betrachtend, um etwas zu besorgen, was er Tilly mitbringen wird. An keine Troika und keinen Hermelinpelz denkt er, sondern wählt mit vorzüglichem Geschmack eine kleine, naive Schnitzerei, eine Bauernarbeit, weil sie örtliche Spezialität ist und weil sie zufällig eine sinnige Bedeutung für Tilly hat und weil sie gerade einen Rubel kostet. Der Verkäufer lächelt über Erscheinung und Sprache des Käufers. Dieser eilt, dem belebten Stadtviertel zu entrinnen, und schimpft über die kauderwelsche Sprache und die Hieroglyphen auf den Straßenschildern, auch über ein dickes Weib, das wie ein Mehlsack gegen ihn geprellt ist, so daß er es fürder für geraten hält, die Hand vor die Tasche mit Tillys Geschenk zu breiten.

Bei den Kais in einem dunklen, verwitterten Holzverschlag steht ein Standbild des heiligen Christoph, aus Holz, über Lebensgröße. – Armer Christoph! Die Witterung hat ihm tiefe Wunden am ganzen Körper beigebracht und wenig von dem Gold und Blau seines Mantels übriggelassen. In seiner roh ausgehauenen Linken wiegt er das Christkindlein, welches wirkliche Kattunkleider trägt, doch was er einst in der Rechten schwang, erfährt man nicht, denn es ist abgebrochen. Vor dem Denkmal kniet ein Flößer, mit schmutzigem Schafpelz und hohen Stiefeln bekleidet, und küßt abwechselnd die plumpen Füße des Heiligen. Nun zieht er neues, wollenes Hemd unter dem Schafpelz hervor, entfaltet es und hängt's bedächtig dem hölzernen Christoph über.

All dem hat Pielmann zugeschaut, wobei er die Lippen ganz zusammengepreßt, mehrmals den Kopf geschüttelt und sehr tief Atem geholt hat. Als nun der Flößer, umkehrend, ihn anbettelt, ist Pielmann für Augenblicke ganz bestürzt. Er wird rot an der Stirn, sprengt, indem er seine Taschen durchwühlt, einen Westenknopf los, und er schenkt dem Kerl schließlich eine Zigarettenspitze aus Meerschaum. Der Bettelnde will ihm die Hand küssen, doch jener reißt sich los, und fortrennend krächzt er wieder laut, dies mal nur unsägliche Verachtung, keine Heiterkeit.

Diese kehrt ihm erst draußen zurück auf dem freien breiten Wege, der sich zwischen hügeligen Kiefernwäldern im weiten Bogen von der Stadt zum Badestrand hindehnt. Geschäftige Personen und müßige Spaziergänger überholen ihn oder begegnen ihm. Er hat keine Geschäfte, hat nicht auffallende Kleider zur Schau zu stellen; er spürt auch keine Neigung, Mitmenschen zu studieren. Die Sonne fühlt er behaglich; er atmet die reine Luft bewußt. Während er zwei Hunde beobachtet, die sich um den Rest eines Fischkorbes balgen, und später, da Pielmann einem spielernsten, uniformierten Jungen, der vor ihm Front gemacht hat, mit militärischem Gruße dankt, überkommt ihn so ein – gutes Lächeln.

Indem er sich an dem sommerfrohen, unbedrängten Spätnachmittag zufrieden und mit seinen Gedanken genügend beschäftigt fühlt, strebt er unwillkürlich, möglichst unbemerkt durch den regen Verkehr zu lenken, doch seine straff gehaltene Gestalt und das ausgeprägte Gesicht mit dem breiten, in den Winkeln eingekniffenen Mund fallen vielen Passanten auf. Pielmann hat einen eigentümlich schwankenden Gang. Es ist, als ob er nur auf den Hacken stelze; dabei wirft er die Fußspitzen stark auswärts und fuchtelt, etwa in der Bewegung des Mähens, mit den Armen. Seinen Sprachfehler hinzugerechnet, kann man Pielmann leicht für einen Trunkenbold ansehen, oder anders gesagt, man weiß nie, ob er berauscht ist oder nicht, denn sehr häufig ist er wirklich betrunken. Seine nächsten Freunde vermögen das oft nicht zu unterscheiden.

Eine seidene, parfümierte Dame, die bald vor, bald hinter, bald neben ihm herschreitet und kritische Übung besitzt, wird sich indes bald über ihn klar: Er ist ein nüchterner, lustwandelnder Herr in den hohen Fünfzigern, von ordentlicher, gediegener, wenn auch unmoderner Kleidung; er ist ja, wie sein Hut meldet, Künstler. Die Dame bittet ihn mit gewöhnlichen Phrasen um Angabe der Zeit, der Künstler macht eine übertriebene Verbeugung und entgegnet mit scharfen Betonungen und häufiger Unterbrechung: »Es t-t-tut mir leid, mein verehrtes Fräulein, meine Uhr ist beim Uhrmacher. Der ging's nämlich wie Ihnen. Bald ging sie vor, bald ging sie nach, bald blieb sie stehen, aber, wissen Sie, was bei meiner Uhr Tiktak war, d-d-das scheint bei Ihnen Taktik.« Ohne weiteres verläßt er damit die Dame, krächzt und freut sich, einen älteren Witz gut angebracht zu haben.

O, er hat an diesem Tage besondere Erlebnisse. Abends, am Meer, oberhalb des Abhanges, erkennt er eine Freundin, welche einst – es mag zehn Jahre zurückliegen – in München eine wechselreiche Künstlerzeit mit ihm durchgemacht hat. Sie haben niemals etwas wie Liebe füreinander empfunden, aber sind sich doch recht vertraut geworden, indem sie die gleichen Gesellschaften von Künstlern und Scheinkünstlern, die gleichen Atelierfeste, Maskeraden und Trinkhäuser besuchten, manchmal zusammen kochten und sich gegenseitig aushalfen in allerlei Nöten.

Pielmann hält den Ausdruck vergnügter Überraschung zurück, um erst einmal ruhig zu prüfen, was ein Jahrzehnt aus der übermütigen, begeisterten Malerin, aus dem braven, schwächlichen Mädel entwickelt hat. Jetzt gewahrt er eine gesunde, volle, elegante – – auch die Art, wie sie sich im Sande gelagert hat und achtlos mit dem Ärmel einer Spitzenjacke spielt, verrät Wohlbefinden. Ihr zur Seite ereifert sich ein Knabe damit, ringförmige Aufstufungen aus Sand zu bauen. Außerdem steht dort ein vernickelter Spielwagen, auf welchem ein Buch und ein Butterbrot in bedenklich enger Freundschaft beisammen sind.

»Pielmann? Piel-mann!«

»Sascha, hä, hä!«

31

»Wahrhaftig, Pielmann. Wie geraten denn Sie hierher? Mein Gott, leben Sie denn überhaupt noch? Ich dachte Sie wären längst gestorben.«

»Daß ich nicht wüßte.«

»Famos! Nein, welch ein Zufall! Sie in Rußland! Was tun Sie denn hier? Sind Sie denn noch am Kabarett? Und noch ganz wie früher! O, Sie müssen uns besuchen; ich bin nämlich verheiratet.«

»Piink! pink!« Pielmann singt zwei hohe Töne und steckt ein unverständliches Lächeln auf, so eine seiner merkwürdigen Angewohnheiten.

»Hm, ich bin Frau. Mein Mann ist der Baron Rostostowsky. – Ja, ja, das ist unser Junge. – Roby, du hast wieder dein Butterbrot nicht gegessen; jetzt bekommen's die Vögel, und du kriegst zur Strafe heute kein Nachtbonbon. Steh auf und gib dem Herrn dieHand.« Das verwöhnte Kind schiebt sich trotzig heran und streckt unartig die Hand aus. Der Weißhaarige drückt diese unter einer pompösen Verneigung: »Ah, es fr-fr-freut mich, Baron St-St-St-Stofstoffstoffsky, Euer Hochwohlgeboren beim Wiederaufbau des Kollisseums anzutreffen. D-d-darf ich alte Ruine mich daneben setzen?«

Frau von X. lacht, eigentlich über Pielmanns Schuhe. Es fällt ihr ein, daß er niemals auf der Bühne stottert. »Nein, wie Sie drollig aussehen. – Haben Sie Kinder gern?«

»Ich sehe, spreche, erziehe sie gern. – Und Ihnen geht's also gut?«

»Nun ja, so, so, man hat viele Sorgen, mit den Dienstboten, und Roby ist unfolgsam, und jetzt wird unsere Wohnung tapeziert. – Und Sie? Sind Sie ein berühmter Mann geworden?«

»Dann würden Sie wohl nicht fragen. Als wir uns zuletzt sahen, war ich schon ein geschiedener Gatte und beinahe ein halb Jahrhundert alt; von solcher Höhe steigt man nicht mehr. Was macht denn Ihre Malerei?«

»Die habe ich aufgegeben, aber Sie, etwas müssen Sie doch erreicht haben?«

»Ja, ja, natürlich, selbstverständlich, zum Beispiel diesen prächtigen Filzhut. – Wohnen Sie am Strand?«

»Wir haben hier ein Sommerhaus, mein Mann wird sich ungemein freuen, Sie kennen zu lernen. Er fuhr zur Stadt um Billette für – –« und sie berichtet weiteres und fragt dazwischen mancherlei. Ihr alter Bekannter unterbricht sie nur selten, schaut sie auch nicht an, sondern starrt auf Roby, auf den Spielwagen, über das Meer und ins Gewölke. Sie weiß die strengen Falten seiner Miene gar nicht zu deuten und fragt gelegentlich: »Pielmann, trinken Sie eigentlich noch immer?«

»Ja, Lethe.«

»Das kenne ich nicht; ist das Schnaps?«

Er sagt nichts darauf.

»Haben Sie die arme kleine Tilly einmal wiedergesehen? Wie gefällt Ihnen, vor allem, meine Heimat, der Strand, diese roten Kiefern im Abendglühen, das Meer und alles, was ich Ihnen so oft schilderte; nicht wahr, das ist doch unvergleichlich?«

Keine Antwort erfolgt.

»Pielmann? – Pielmann, Sie müssen überhaupt du zu mir sagen.«

Da wendet er ihr schnell sein Gesicht zu: »Sie ha-ha-ben also nicht vergessen, daß wir mitunter in armseligen Dachstuben recht lustige Kameraden gewesen sind, daß wir manchmal Rettiche als Mittag geteilt haben?«

»Wie könnte ich das vergessen! Nein, nein, die Staffeleien, die Gitarren, die Lieder – nein, ich behalte das alles, und die Feste, und die Heimgänge am Morgen nach so gleichgültig verbummelten Nächten – – ach, es war doch wunderschön!«

Nun entsteht eine Pause in dem Zwiegespräch. Bunte Leute promenieren am weich, melodisch bespülten Ufer. Von da, wo die Sonne verschwunden ist, wandeln feurig rote Wolken und Wölkchen in die matte Bläue des Himmels hinaus. –

»Hugo?« beginnt die Baronin von neuem und ganz leise. »Bemerkst du den goldenen Streifen am Horizonte, ganz unten, ganz fern? Ich denke immer, dahinter müßte noch etwas unausdenkbar Glückseliges sein – etwas, so – verstehst du mich nicht?«

Er schweigt. Unterhalb, nicht weit von ihnen, knirscht eine Equipage. Auf einmal springt Sascha auf. »Da hält ja die Fürstin; die muß ich begrüßen. Entschuld'ge mich einen Moment.« Sascha klopft eilig den Sand vom Kleid und ordnet dasselbe. »Sieh dir mal den dicken Kutscher mit den Pfauenfedern an – echt russisch! Im Winter ist er noch dicker; da polstert man ihn mit Kissen aus. Das gilt hier für vornehm; so einen haben wir auch, na, verzeihe einen Augenblick, ich bin – –.« Sascha läuft den Abhang hinunter. Sie ist eine hübsche Frau.

Auch Pielmann erhebt sich. »So, Roby, jetzt wollen wir die Vögel füttern«, krächzt er besonders scharf, aber mehr zu sich selbst als zu dem Jungen, und als dieser unbeirrt weiterschaufelt, nimmt der Alte das Butterbrot vom Spielwagen und schlendert, wie gelangweilt, etwas abseits hinter eine Fischerbude.

Und dort, ohne nach Vögeln auszuschauen, reißt er mit zwei Fingern ein Bröckchen Brot ab und wirft es auf den Boden. Dann reißt er einen großen Bissen ab und stopft ihn in den Mund und kaut sehr schnell und würgt und lauscht dabei und späht aufgeregt umher und wirft wieder ein Kleines von Brot zur Erde und stopft wieder ein Großes von Brot in den Mund. – – –

Es dauert geraume Zeit, bis die Baronin von der Fürstin an ihren Lagerplatz zurückkehrt. Pielmann ist nicht mehr dort. Sie entdeckt nahebei eine langgestreckte Inschrift mit großen Buchstaben, die er in eine glatte Sandfläche gefurcht hat. Da steht: »Vergessen Sie nicht den goldenen Streifen. Dort wird es keine gepolsterten Kutscher geben, auch keine Rettiche.« –

Roby spielt mit einem Bauernschnitzwerk und behauptet, die Vögel hätten es ihm beschert.

Der tätowierte Apion (1912)

Nachlässig schwenkt sie die Waffen der Reinlichkeit, Besen, Schaufel, Staubtuch. In der Schürzentasche, die wie ein Känguruhbeutel überm Magen klafft, trägt sie die Morgenpost für den gnädigen Herrn, und so betritt sie, feindselig, dessen Arbeitszimmer. Diesen scheußlichen, unangenehmen, ungemütlichen Raum, wo man nicht zwei Walzerschritte versuchen kann, ohne eine Vase, ein Bild oder solch einen dämlichen Gott zu Scherben zu bringen; Götter, die nur aus Gips und Stein bestehen, zum Teil keine Arme oder Beine mehr haben und die der Professor doch mit kindischer Zärtlichkeit verehrt, während er für die Menschen kein freundliches Wort erübrigt; – Bilder – und Schweinereibilder darunter –, welche die schöne Plüschtapete völlig verbergen; Tonfiguren, mit Staub und Spinnweb überzogen, Bücher, Zeitungen, Papiere überall verstreut und so dicht gehäuft, daß man von den Möbeln nichts erkennt, auf denen sie ruhen. Und man soll sie abstäuben und darf sie doch nicht berühren.»Er hat wieder die Nacht durchstudiert«, bemerkt Agnes zu dem leeren Glasbassin einer kunstvollen Renaissancelampe, und sie breitet die Morgenpost wohlberechnet auf der aktuellen Stelle des Schreibtisches aus, wo immer das Neueste lagert, nicht ohne die angekommenen Karten vorher nochmals neugierig zu untersuchen.

Es ist eine darunter von der gnädigen Frau aus dem Seebad. Sie scheint sich vortrefflich zu amüsieren; wer mag es ihr verdenken.

Auf dem Schreibtisch fällt diesmal ein schwarzpolierter Kasten als noch unbekannt auf, außerdem eine Broschüre, überschrieben: An- tikes – Leben aus – grie-chi-schen – Papy-ri. Weiter quält sich das Mädchen nicht, wendet sich vielmehr ab, wie von etwas Unappetitlichem überrascht. Aber daneben schreit eine Bücherrechnung; die versteht sie.

800 Mark! Achthundert Mark wirft er für so was fort, und den neuen Zylinderputzer hat er neulich abgelehnt. Sie, Agnes, muß seit Jahren jeden Pfennig ängstlich hüten, um nur den Violinunterricht für ihren Sohn bestreiten zu können, und er, der Professor – Aber er genießt seinen Reichtum nicht. Wenn sie nur einen kleinen Teil seines Vermögens besäße, wie wüßte sie ihn fröhlich und sattsam auszukosten; und obendrein würde dann gewiß der Mann sie heiraten, der ihr das Kind gemacht hat. Das liebe Kind! Der brave, herzige Junge; er wird auch ohne das seine Straße finden, denn er ist klug. O ist er klug, und schmuck und gradaus, so daß alle ihn gern haben. Er wird erst seine drei Jahre Soldat sein und nachher weiter Musik studieren. Er wird ein berühmter Mann werden, so Gott will, noch berühmter als der Professor, ein »Geigenvitriose«.

Unter solchen zuversichtlichen Erwägungen hantiert Fräulein Mutter Agnes aus sicherlich reizvollen Tiefen ihrer Bluse einen Brief und ein schmales Porträt hervor, um beides mit Muße innig zu betrachten, das Bild sogar wiederholt zu küssen.

Wie gesteigerte Rührung sie zwingt, mit dem Nächstbesten, das heißt: mit dem Staubtuch, die Augen zu trocknen – schon daraus ergibt sich, daß der Brief ihr weit mehr bedeutet als etwa einem fremden Dritten, welcher von ihm nur ablesen würde:

»Liebe gute Mutter.

Herzliche Grüße von Bord S.S. Carola, wo wir gestern eingeschifft sind. Ich schicke Dir meine Photographie. Grüße Herrn Werk und alle Bekannte von mir. Es geht mir sehr gut. Alle sind gut zu mir und mein Violinenspiel kommt mir hier sehr zu statten. Gestern haben Paul und ich uns Glaube-Liebe-Hoffnung (ein Kreuz, ein Herz und ein Anker) in den Oberarm einstechen lassen. Das vergeht nie mehr. In der Hoffnung, daß Du gesund bist und mir bald schreibst, küßt Dich

Dein Oswald.«

Im Studierzimmer des Professors, wo das Dienstmädchen auf derartig pflichtvergessene und gemütvolle Weise ihr Reinigungsamt einleitet, geschieht plötzlich etwas, wenn auch nicht Wunderbares, so doch erschreckend Ungewöhnliches. Nämlich: zum gleichen Moment, da vom Gartensaal die zorngehobene Stimme des Hausherrn herüberschwillt, nach der im Hause nur allzu gewohnten Melodie: Gegen Dummheit kämpfen Götter selbst vergebens – zur selben Zeit löst sich in einer schlecht belichteten Ecke ganz von selber eine kleine eingerahmte Silhouette von der Wand und klirrt zu Boden.

Es vergeht eine geraume Weile, bis die Dienerin das Ereignis begreift. »Das ganze Haus zittert, wenn er den Mund öffnet«, murrt sie, »da haben wir die Bescherung: Scherben. Scherben am Morgen bringt Kummer und Sorgen. – Lieber Gott, das war sein einziger Sohn«, fügt sie, das Bildnis erkennend, in weichem Tone hinzu, »der hängt hier im dunkelsten Winkel. Über das alberne gelehrte Zeug haben sie ihn ganz vergessen, – und ist doch kaum vier Jahre her, daß er ertrank.«

Sie entfernt Splitter und Rahmen von der Pappe, und indem sie diese mitten auf den aktuellen Schreibtischplatz ans Tintenfaß stellt, folgt sie – wer weiß – einer sehr hübschen Idee. – Wieder ein Geräusch. Die Uhr neben dem großen Gipsmann, der wie der Papst aussieht, schlägt, die alte Standuhr (der Professor nennt sie schlechtweg nur »die Zeit«) mit den vielen Männchen und Türmchen und anderen Geschichtchen drum und dran. Es klingt heute so häßlich mahnend.

Besen, Schaufel, Wischtuch erwachen, huschen, kratzen, scharren, schieben. Agnes räumt auf. Sie klappert und rückt, sie reckt sich und bückt sich, und ungeachtet sie sich nach Manier der Stubenmädchen häufig unterbricht, um den Spiegel zu befragen oder ein Buch näher zu beäugeln (worin sie dann auf enttäuschende Titel stößt), drückt sich zuletzt doch in ihrer Miene die Genugtuung aus, das

Erforderliche zur rechten Zeit beendet zu haben. Im Frohsinn darob und in einer Art gutmütiger Verachtung kann sie es sich nicht versagen, bevor sie die Stube verläßt, noch dem alten Gipsmann mit dem Besen ins Gesicht zu stipsen, so daß ein Büschel schmutziger Teppichfasern an der weißen Nase hängen bleibt. – – Und als die Tür zuschlägt, lächelt der alte Gipsmann – es ist eine Voltairestatue – lächelt mit seitwärts geneigtem Haupte, wie er zuvor gelächelt hat und wie er weiter lächeln wird, nach Houdons Willen, gedankenschwer, altersmild, überlegen, – ein wenig spöttisch – ein wenig falsch. – – – – – – Irgendwie erinnert der Professor an einen Marabu, als er bald darauf nachdenklich dasselbe Zimmer betritt. Dieses geistvolle, interessante Zimmer, wo tausend Gegenstände das Herz anregen, deren jeder an Kunst und Wissenschaft appelliert, von Weisheit, Schönheit und achtunggebietendem Fleiße predigt. Der kleine bejahrte Herr mit der von spärlichem, aber langem Weißhaar umpluderten Glatze weiß genau, welchen gelehrten, würdevollen Eindruck seine Stube gewährt, obschon er sie nie als Ganzes überschaut, vielmehr nur einzelne Stellen ins Auge faßt, wenn er beim Durchgehen die meist abwärts gerichteten Blicke einmal aufhebt. Aber in solchen knappen Momenten ist es, als sähen da zwanzig Augen und dächten zwanzig Köpfe dahinter.

Dort fehlt ein Band Niebuhr, entdeckt sein linkes Auge am Regal, während das rechte die Teppichfasern an Voltaires Nase gewahr wird. Schon ist die rechte Hand bestrebt, dieses Übel zu beseitigen. Dabei betastet die Linke eine auf dem Rauchtisch befindliche Silberschale, eine Kopie von jener aus dem Hildesheimer Fund, und laut sagt der Professor: »Nein, das kann unmöglich ein Steuer sein, was die Minerva in der Hand hält.«

Er schleppt verschiedene Folianten zum Schreibtisch und läßt sich dort umständlich bequem auf einem geschnitzten Stuhl nieder, mauert sich, sozusagen, dort ein, als ob er für viele Stunden nicht wieder weichen wollte, was auch wirklich seine Absicht ist. Darauf nimmt er gewohnterweise und mit sichtlichem Genuß von Wichtigkeit die eingetroffenen Briefschaften vor. Zunächst ein unverschlossenes Schreiben nebst der Photographie eines Matrosen. Nanu? – Er überfliegt beides mißmutig.

Solchen dummen Schnickschnack hat sie im Hirn und vernachlässigt ihren Dienst. O diese Barbaren, diese Kalmücken! Nichts wie Dummheiten im Schädel, kein Gefühl für Freude an Tätigkeit haben sie, nur den ordinären, animalischen Trieb, Unbequemes zu fliehen oder sobald als möglich loszuwerden. Sie vegetieren, ohne Geist, ohne Verstand, ohne Höhe und Tiefe, ohne Ernst. Nur fressen, saufen und – Der Gelehrte klingelt dringlich mit einer Glocke, deren sich – ihm fällt das jetzt sogar ein – vormals Franz Schubert bedient hat.

Eine Karte von seiner Frau. Sie grüßt ihn und erteilt einige Aufträge; er wird alles sogleich gewissenhaft erledigen und beantworten. Ihn interessiert, was sie im Auftrage Dr. Tiezes berichtet. Tiezefreund erkundigt sich, ob Knobelsdorff etwas über Architektur publiziert habe.

Keineswegs hat er das – aber man muß immerhin nachschlagen. Erneutes Klingeln schafft Agnes herbei.

Der Professor redet, ohne aufzusehen, ziemlich hastig, unsicher und undeutlich, und er beugt sich derweilen eifrig über einen assyrischen Dolch:

Ihre Nachlässigkeit gereiche zur Kulmination. Ob sie bezüglich Voltaires nicht gefälligst etwas mehr attendieren wolle?

Sie weiß nicht, was Voltaire ist.

Heiliger Himmel! Diese Person! Sie hat nichts von Voltaire gehört! »Dort! – Der da!«

Was der Generalkontrolleur auf dem Schreibtisch zu tun habe? Das Stubenmädchen kapiert die Frage nicht, aber, wahrhaftig, kein anderer würde sie in diesem Falle kapieren, denn sie ist durch Zerstreutheit völlig entstellt.

Was hat die Silhouette auf dem Schreibtisch zu tun? wollte der Professor fragen, aber da er sich nach seiner Gewohnheit, fortwährend zu eruieren und zu etymologisieren, auf dem Wege vom Gedanken zum Wort noch mit dem französischen Generalkontrolleur Etienne de Silhouette aufgehalten hat, geschah es, daß besagte Konfusion herauskam.

Die Dienerin rührt kein Glied.

Und sie möge doch gütigst ihre Privatkorrespondenzen etwas separieren. Das Gesicht streng abgewendet, überreicht ihr der Professor Photographie und Brief des Matrosen, und weil ihr zerknirschtes weinerliches Stillschweigen ihm peinlich wird, fügt er hinzu:

»Holen Sie mir aus dem Musikzimmer den Band Knobelsdorff von der großen Enzyklopädie. – – Huch!« schreit er dann auf und stampft mit den Füßen. »Sie kennt keine Enzyklopädie. Gehen Sie! Sie sind ja ein – eine – huch!«

Verzweifelt mit der Zunge schnalzend, eilt der alte Herr selbst ins Musikzimmer. Ein Griff, und er hat das Gewünschte und kehrt zurück, mauert sich wieder am Schreibtisch ein und arbeitet.

Er liest und kritzelt, er hüstelt und blättert. Vom Park her wächst Sonnenglanz herauf, dringt das Gurren der wilden Tauben; und zwei spielende Falter wirbeln gegen das Fensterglas. Er spürt nichts davon. Nur einmal, mit der Äußerung: »Die Zeit ist wieder nicht aufgezogen«, erhebt er sich verdrossen, um die Uhr zu regulieren, vertieft sich aber gleich wieder am bisherigen Platz in die Lektüre eines Aufsatzes, den er tags zuvor begonnen hat.

Nach den Bewegungen von Haupt und Mund zu schließen, liest er durchweg rasch; auch spricht er dazwischen Worte oder ganze Sätze laut aus.

»Kaum – zweites Beispiel – wie der schon oft behandelte Brief des Apion an seinen Vater – Papyrusblatt – Berliner Museum – zu seiner Zeit – Ägypten – Provinz des römischen – Misenum am Golf von Neapel kommandiert – folgenden Brief, der im Original auf uns gekommen ist – Handgeld – Serenilla – Schiff Athenonike.« Hier stutzt der Professor.

Seine Lippen verharren für lange Sekunden so, wie das Wort Athenonike sie verzogen hat, sein Lesen wird starrer; er blättert eine Seite zurück und fängt an, den zuletzt durchgenommenen Abschnitt langsam, deutlich hörbar, mit gerechter Betonung zu repetieren:

»Apion seinem Vater und Herrn Epimachos herzlichen Gruß. Vor allem wünsche ich dir Gesundheit und alles Glück bei vollem Wohlbefinden, samt meiner Schwester, ihrer Tochter und meinem Bruder. Ich danke dem Serapis, dem Herrn, daß er mich sogleich errettet hat, als ich auf dem Meer in Gefahr geriet.« (Der Professor schielt flüchtig über den Tisch nach der Silhouette hin.) »Als ich in Misenum ankam, empfing ich vom Kaiser ein Handgeld von drei Goldstücken, und es geht mir gut. Ich bitte dich, mein Herr Vater, schreib mir ein Briefchen, erstens über dein Wohlbefinden, zweitens über das meiner Geschwister, drittens, damit ich deine Hand küssen möge, denn du hast mich gut erzogen, und daraufhin hoffe ich schnell vorwärtszukommen, wenn die Götter wollen.« (Der Lesende spielt sich nervös am Bart.) »Grüße vielmals den Kapiton, meine Geschwister, die Serenilla und meine Freunde. Ich hab dir mein Bildchen durch Euktemon geschickt. Übrigens heiße ich Antonius Maximus. Ich wünsche dir Gesundheit. Schiff Athenonike.« Der

Professor schiebt das Heft fort und, was er sonst nie tut, lehnt sich im Stuhl zurück. »Das schreibt Apion vom Golfe von Neapel nach Ägypten«, sagt er leise und nickt versonnen mit dem Kopfe, »vor siebzehnhundert Jahren! – Siebzehnhundert Jahren – hm – es ist ganz dasselbe; er schickt sein Konterfei, er grüßt und erbittet Grüße, er dankt – ja, ja, es ist ganz dasselbe.« Der Gelehrte spricht jetzt nach dem Fenster zu, nach den Wolken hin. »Hm – Kreuz, Anker, Herz – sie liebt ihn, ihren Sohn, wie er sie; natürlich liebt sie ihn –«

Lautes Uhrläuten schwingt in des Alten Gedankengang. Es klingt so heiter, so gütig und groß. Ja, diese Eigenschaften, die er da heraushört, ist es nicht, als ob sie jetzt auf seinem Antlitz leuchteten, wie eine Verklärung? Sind nicht alle jene garstigen Fältchen und Schatten darin mit eins verschwunden, welche angewöhntes und anerzogenes Tun und Denken geformt hatten? Scheint nicht der Professor ein Verwandelter zu sein, da er aufspringt und einen ganz ungelehrten Vorsatz mit fast rührender inniger Stimme herausbringt?

»Ich will«, sagt er sich, »ihr hundert Mark schenken; die soll sie ihm senden; das wird ihn freuen. Und ich will«, fährt der wohlhabende Mann fort, »ich will mir das abknapsen, will mir dafür den Lope de Vega verbeißen. – Basta! Ich verzichte auf Dorotea.«

Energisch zieht er ein Schubfach heraus und schickt sich an, eine Banknote zu kuvertieren. Danach klingelt er leicht, später nochmals stärker. Währendem überlegt er in zunehmender Aufregung, wie er das Geschenk möglichst anspruchslos und unauffällig anbringen könne. Jedoch ehe er noch zu einem endgültigen Entschluß gelangt, erscheint das Stubenmädchen auf der Schwelle, wo sie etwas Herkömmliches von »befehlen« und »Herr Professor« abschnurrt und mit verweinten Augen wartet.

Er geht – wie sie ihn meist antrifft – grübelnd, mit kurzen Schritten auf und ab, eine geschweifte Linie im Teppichmuster verfolgend, und in den überm Rücken verschlungenen Händen hält er ein weißes Kuvert.

»Ja, ja, Agnes«, murmelt er wie für sich selbst, »Glaube, Liebe, Hoffnung – – er hat wohl recht – das vergeht nie.«

Das Mädchen hat nicht verstanden. »Wie befehl'n Herr – 'fessor?« fragt sie klanglos.

»Wissen Sie, häm, Agnes«, entgegnet er, zerstreut, stockend, und wünscht eine jäh aufsteigende Verlegenheit hinter nervösen Gesten zu verbergen, »ich möchte dem tätowierten Apion eine kleine – Dedikation machen – häm – Sie –«

Agnes hat recht gehört, aber nicht begriffen. »Wie befehl'n Herr – 'fessor?« bringt sie schüchtern hervor.

Eine beiden fatale Pause folgt.

Huch! Dieses Blähschaf! Was befehl'n Herr – 'fessor, was befehl'n Herr – 'fessor. Hundertmal am Tage fragen sie das. Nichts wissen sie, nichts verstehen sie, rein gar nichts. Diese Hottentotten! Diese niederträchtigen Dummköpfe! Das Vieh ist klüger. – Und warum? Weil sie nichts lernen wollen; weil sie Mühe scheuen; weil sie –

»Es ist gut! Ich brauche Sie nicht!« schreit der Professor die Dienerin an, und als sie halb gekränkt, trotzig, halb beschämt aus dem Zimmer schleicht, mauert er sich verärgert am Schreibtisch ein, verschließt die Banknote und liest bis zum Mittag ununterbrochen in Diltheys »Einbildungskraft des Dichters.« – – – – – – – –

– Und Voltaire, der neben der Zeit steht, oder, richtiger ausgedrückt, sitzt, lächelt, gedankenschwer, altersmild, überlegen – ein wenig spöttisch – ein wenig falsch.

44

Das Grau und das Rot (1912)

Wenn man es mit dem Vergleich nicht zu genau nahm, ließ sich sagen, daß die ohne Zwischenraum aneinandergereihten Gebäude hufeisenförmig einen ungepflasterten Hof umstanden, in dessen Mitte sich aus einer ovalen Buschanlage zwei ehrwüdige breitschattende Akazien entfalteten. Massige Grundmauern, vergitterte Fensteraugen mit verschnörkelten Augenbrauen darüber, eisenbeschlagene Torflügel mit komplizierten Schlössern und pfundschweren Schlüsseln priesen eine zurückliegende, mehr kunst- als gewinneifrige Zeit. Besonders der Turm schwärmte von ihr und seufzte und heulte bisweilen, wenn ihm der Mondschein verschlafene Erinnerungen brachte. Der verwitterte, zwiebelköpfige Turm hatte ja nichts weiter zu tun, als nachzudenken und eine mit vier Gesichtern begabte Uhr zu tragen, welche tagsüber die Dorfbewohner oder vorbeiziehende Handwerksburschen um ein Beträchtliches betrog. Aber es war bei diesen Baulichkeiten nicht alles im ersten Guß geblieben. Neuere und neueste Stilarten hatten angefügt, umgeändert oder Zerstörtes ergänzt und dadurch noch mehr Abwechselung in die Konturen und Farben des Bildes geprägt. Auch war die Harmonie nicht gestört, denn die früheren Häupter des Fürstenhauses hatten Geschmack besessen, und der letzte Herr scheute wenigstens keine Kosten, um tüchtige Architekten von Ruf anzustellen. Wenn die Fenstersimse und die Brüstung der Terrasse von Rosenstöcken und hängenden Nelken illuminiert waren, oder wenn rote und gelbe Weinblätter an den Säulen, den Erkern hochkletterten, auch in den Monaten, da die Turmzwiebel drohende Schneeklumpen auf die Oberfenster der Veranda polterte und die entlaubten Akazien den pantomimischen Fensterverkehr zwischen Hauslehrer östliche Hufeisenfront einerseits und Küchenmädchen westliche Hufeisenfront andererseits freigaben; oder wenn sich das letzte Winterliche kläglich von den Dächern weinte, – immer bot die

Reihe von Gebäuden eine malerische, stattliche Ansicht vornehmer Wohlhabenheit.

Die Menschen, die, in den Dienst des Fürsten tretend, als Neulinge dorthin kamen, wurden angesichts der kunstvollen Eleganz, der unentwirrbar verschlungenen Gänge und Treppen sowie anderer Auffälligkeiten befangen oder begeistert. Aber derartige Eindrücke vergaßen sie bald und gewöhnten sich in ein Dasein, das zwischen Müdigkeit und Müdigkeit nur Mühe, Ärger und kleinliche Streitigkeiten wies.

So mußte es zugehen in einem umfangreichen Betriebe, an dessen Spitze selbstsüchtiger Fleiß und höfliche Rücksichtslosigkeit peitschten.

An den westlichen Hufeisenpol war ein einzelner, viereckiger Bau angeschenkelt, der die offene Seite des Akazienplatzes schräg zur Hälfte schloß und einer riesigen steinernen Truhe nicht unähnlich sah. Hochangebrachte, schmale Fensterchen, plumpe Riegel und sonstige Kennzeichen bestätigten die Tradition, daß er vor Jahren der hochritterlichen Malteserkommende als Pferdestall genutzt hatte. Zu anderer Bestimmung hielten jetzt seine dicken Mauern einen hohlhallenden, sticklüftigen Saal warm, der an drei Seiten vom Fußboden bis zur Decke mit Regalen bekleidet war, die nur die kleinen Fensterchen freiließen und von einer rundumführenden Galerie unterbrochen wurden, zu der eine merkwürdig geschweifte, eiserne Treppe führte.

Die Fächer der Repositorien knarrten mitunter, wie eigenwillig, unter der Last wohlgeordneter Aktenbündel, deren Erkennungszettel übereinander und nebeneinander lange Reihen bildeten und schnurrig beschriebenen Grabsteinen glichen. Ein ausgedehnter Tisch und wenige Stühle standen unverrückbar inmitten des Raumes, und sonst befand sich, außer zwei stetig wandernden Klappleitern, kein anderer hervorragender Gegenstand in dieser Halle, wo Staub und Spinnweb alle Dinge zu einer garstigen ungefähr grauen Färbung ausgeglichen hatten.

In die vierte Seite der Truhe war nachträglich ein umfangreiches, gotisches Fenster eingerichtet worden, von welchem die Sage behauptete, daß es mitunter geputzt würde. Nach Sonnenuntergang, wenn zwei flackernde Halbmonde über den Gashähnen das Büro unheimlich beleuchteten, warf das gotische Fenster einen schiefen Lichtfleck in einen tief schwarzen, verwahrlosten Winkelhof, den nur selten jemand betrat, es wäre denn ein Küchenjunge, welcher Abfälle in die Kehrichttonne schütten oder ein Huhn darüber rupfen wollte oder der taube Tschemulke, der einen ratternden Handkarren dort abstellte. Diese Leute mochten zuweilen einen langen oder zwei kürzere Schatten über den Lichtfleck huschen sehen und an den Rentmeister und seine beiden Lehrlinge erinnert werden; und Gott weiß, ob sie dabei nicht etwas wie eine Gänsehaut empfanden. Denn im Schlosse gab es keinen Menschen, der gern an diese drei gedacht hätte, geschweige denn mit ihnen zusammengetroffen wäre.

Und was war der Grund dafür? Keine Feindseligkeit. Der hagere, lederfarbige, grauhaarige Aktuar, Archivar, Rentmeister – oder wie, zum Teufel, er sich und man ihn nennen wollte, konnte oder durfte –, der sich um nichts als um seine Arbeit kümmerte, und die zwei von dem unerschütterlichen Ernst ihres Chefs eingeschüchterten und angesteckten Lehrjungen, die so sparsam behost, so dünn angezogen waren und deren blasse Gesichter sich nur durch eine Nasenwarze bei Max und keine Nasenwarze bei Fiedl unterschieden – diese drei Personen taten niemandem etwas zuleide und erweckten allgemein in erster Linie nur überlegen lächelndes Bedauern. Aber es war, als ob von ihnen etwas Lähmendes, Lebenswidriges, Arbeitsbitteres ausging, dem sich alle nach Möglichkeit, bewußt oder instinktiv, entzogen; so, wie man einer anwidernden aber gerechtfertigten Szene, etwa der Ausbaggerung einer Schlammgrube ausweicht. Kurz gefaßt: Dem Aktuar lebten weder Feinde noch

47

Freunde, und man mied ihn. Man mied das graue Büro, wo ewig kreischende Federn und gekrümmte Rücken von schäbigem Tuch jede froh gedachte Rede zurückscheuchten, wo wichtig steigende oder niedergehende Tritte auf schütternden Leitern Ungestörtsein erheischten und die Aktenstöße, dumpf auf den Tisch schlagend, unzählige sichtbare Stäubchen aufjagten, die durch den Saal kreisten, wie ein Feldhühnerschwarm, um sich endlich irgendwo aufs neue niederzulassen. Das graugraue Büro, in welchem so unruhige, verwirrende Formeln ihr Wesen trieben, wie zum Beispiel: Räumung der Auenluschen – *Acta manualia* betreffend Laudemial-Grundstücke – Dienstabgeltungsrezesse – Königliche Regierungs-Rekognition über eben abgeführte Bernburger Brauurbarsgelder – Kalkulaturberichte – Unbefugtes Branntweinschenken – oder: *Acta* betreffend Einrichtung eines Glasschrankes im Rauchzimmer Seiner Durchlaucht. –

Das totgraue Büro, wo trotz mancher Geräusche doch immer ein hoffnungsloses Schweigen zu herrschen schien. Selbst der Fürst floh diese Stätte. Eine Kontrolle des Aktuars erübrigte sich, denn dieser war – wirklich, er war unfehlbar wie der liebe Gott, und was ihm der Fürst zu befehlen geruhte, das brachte er vormittags zehn Uhr an, wenn sich die höheren Beamten zur Konferenz in seinem Schlafzimmer versammelten.

Gewöhnlich war er schon wach, hatte wohl auch bereits mit dem Thema »Lärm, Schmutz und Unpünktlichkeit« einen Diener in die Unbehaglichkeit geheuchelter Zerknirschung getrieben, immerhin mit höflichen Worten, denn diese bewahrte der Fürst in allen Situationen. Während Durchlaucht sich nun böse gähnend entnachthemdete, zählte sein Sekretär eine Unmenge von Haushaltssorgen auf, und in dem Augenblick, da das über den Kopf gestreifte Schlafgewand die gefürchteten Augen verdeckte, wechselten die umstehenden Beamten einen bedeutenden Blick aus ahnungsbangem Galgenhumor. Darauf huben die Inspektoren an zu berichten, zu entschuldigen und erbaten Befehle und empfingen unverkennbar versteckte Vorwürfe, weil der Fürst bei der letzten Revisionsfahrt Mäuseflecken im Klee entdeckt oder weil er herausbekommen, daß ein galizischer Tagelöhner auf einem der Güter einen Spaten gestohlen hatte. Ob das Mittelbeet im Westpark jetzt zur Viehweide diene, wandte er sich unversehens an den Obergärtner und stieg dabei so heftig in die Unterbeinkleider, als ob er aus jedem Hosenbein ein Ungeheuer heraustreten wollte. Nachdem unterbrach er den Rapport des Oberförsters und prustete ins Waschbecken hinein: ein Hirsch sei aber eigentlich kein Kaninchen. Und erschrak selbst dermaßen über die Tonart seiner Stimme, daß ihm der Schwamm entrollte, worauf sämtliche Herren zur Erde hasteten und, statt den Schwamm einzufangen, den Wasserkrug umwarfen. – – Bei den Konferenzen ging es stets ereignisvoll und lebhaft zu.

Der lederfarbige Aktuar stand indessen kerzengerade vor seinem Vorgesetzten, dem er vor Jahren Pappsoldaten gemalt und ausgeschnitten hatte, machte stenographische Notizen auf Papiermanschetten und bekräftigte je fünf fürstliche Worte durch ein mit Ruhe und Anstand entwaffnendes »Jawohl, Durchlaucht, sehr wohl!«

»Haben Sie die Präzipualleistungen für die Pflaumenallee ausgezogen?«

»Jawohl, Durchlaucht, sehr wohl!«

»Haben Sie – – –«

»Jawohl, Durchlaucht, sehr wohl!« O, der hatte alles erledigt. Und der Fürst erteilte ihm mit zitternden Phrasen neue Aufträge, mehr als bisher, jedesmal mehr als bisher. Er sagte: »Es ist gut, mein lieber Aktuar; ich danke Ihnen für heute verbindlichst.« Und empfand dabei etwas Unerträgliches, kalt oder heiß oder erstickend; das war Haß gegen seinen Angestellten, der ihm und weil er ihm seit neunzehn Jahren untadelhaft diente und den er mit Rücksicht darauf, daß er auch dem fürstlichen Vater lange treu ergeben war, niemals würde entlassen können.

Der Aktuar eilte mit hackenden, langspannigen Schritten hinunter, zur Truhe, wo Max und Fiedl ihn bereits in gedämpfter Aufregung erwarteten und nun wie hungrige Pelikane nach den übergebenen Papieren und Aufträgen schnappten.

Es lag mehr vor als bisher, und – sozusagen – der Aktuar heizte den Blassen entsprechend ein, daß sie in Hitze, in Glut gerieten und gleich Schnellzugslokomotiven zu arbeiten anfingen. Akten wurden eingeheftet und in die numerierten Gräber der Repositorien geborgen oder aus denselben herausgezerrt, daß der alte Staub wieder aufwirbelte und die Lungen kitzelte, bis das Hüsteln kam. Die Leitern klapperten und rückten, die Tritte auf den Sprossen schurrten stoßweise aufwärts und abwärts. Die Federn kreischten, und unfreundliche Worte und Zahlen durchschnitten die Halle. Das war alles nötig, um das fürstliche Archiv und die Geldgeschäfte der Güter, der industriellen Anlagen, Ziegel- und Spiritusbrennereien, der Forst- und Landwirtschaft und mehr dergleichen zu verwalten.

»Max, suchen Sie die Robot und Zinsbeschwerden betreffend die Scholtiseien zu Föhring und Hinwitz hervor!« »Fiedl, was sollen die Hebammengebühren unter den politischen Materien? Willst du wohl – –«

Im Zustande von Unzufriedenheit redete der Rentmeister seine Lehrlinge mit »Du« an und beim äußersten, in sanft vulkanischen Augenblicken, schlug er einen oder den andern zweimal mit dem Hornlineal auf den Hosenflick, worauf ihn meist eine Staubwolke zum Niesen zwang. Dann hauchte der Getroffene schüchtern: »Zur Gesundheit, Herr Rentmeister«, dieser brummte etwas Unverständliches, und damit war der graue Normalzustand wieder hergestellt.

Frühstücks- und Mittagspause wurden von nervöser Pünktlichkeit abgeschliffen und am Tagesende, um 7 Uhr, wünschte der Aktuar seinen Jungen »Gutenacht«, nachdem er sie noch ein Dutzendmal ermahnt hatte, alles Verschließbare, auch die Patronatssachen, auch die Lorkeschen Prozeßakten, ordentlich zu verschließen und die Gashähne ganz umzudrehen und ja noch die Schafhütungs-Gerechtigkeit des Dominii Kolbitsch einzuheften und die Briefschaften richtig in den Postkasten zu werfen und den Papierkorb noch auszuleeren und die Mausefalle aufzustellen und – –

Wie gesagt, er wünschte Gutenacht, aber erst nach dem er schon halb zur Tür hinaus war und auch nur ganz undeutlich, weil er besorgte, durch freundliche Worte an Reputation einzubüßen.

Und ging hölzern über den lichtgestreiften Akazienhof, durch ein Pförtchen, drei Stiegen hoch in sein zweizimmeriges Heim, wo er ebenso bedächtig als gründlich seiner Abendmahlzeit oblag, die ihm ein nur zu Weihnachten sichtbarer Schloßdiener dort aufgetischt hatte.

Aber der Archivar kehrte, müde, noch einmal zur Truhe zurück, überzeugte sich davon, daß Max und Fiedl seine Befehle vollkommen ausgeführt hatten und las oder schrieb, zur Erholung, eine Stunde, später anderthalb Stunden, angestrengt für sich allein.

Wenn er dann wiederum den nächtlichen Platz querte, überraschte es ihn nicht, aus gewissen Richtungen Gelächter oder Bruchteile von Musik zu vernehmen. Die Periode, da er solchen Verlockungen gefolgt war, lag weit zurück.

Er verriegelte gewissenhaft doppelt seine Zimmertür, entzündete vorsichtig die Lampe, entkleidete sich, stieg mit einem Band Gartenlaube ins Bett, blies schnell die Lampe aus und –

wahrscheinlich entschlief er sogleich, schlief bis morgens 5 Uhr 35 Minuten.

Manche Wahrnehmungen der Nachbarsleute sprachen dafür, daß er unruhig träumte und in seines Schlafes Phantasien alle die schweren Sorgen teilte, welche das fürstliche Haus wachsend bedrückten und noch mehr bedrohten, obwohl der Fürst Fleiß und einige andere löbliche Eigenschaften betätigte.

Zurückverfolgt sahen die 7075 Tage, welche der Aktuar seit dem Tode des alten im Dienste des neuen Fürsten verbracht hatte, einander trübselig ähnlich, aber wenn man Anfang und Ende dieser Zeitkette miteinander verglich, dann erwies sich hell, wieviel an Überbürdung, Enttäuschung und Bitterkeit nach und nach jenes Leben verfärbt hatte.

»Er war«, erzählte der Fürst, »das einzige Kind eines ganz armen Müllers, der mit seiner siechen Frau im Föhringer Erlenwäldchen eine halb zerfallene, strohgedeckte Mühle betrieb. Der Sohn sollte ihrem Wunsche nach eigentlich Kunstmaler werden, weil er Gänse erkennbar abzeichnen konnte. Und als die Eltern plötzlich rasch hintereinander starben und ihr Grundstück dadurch kontraktmäßig meinem Vater zufiel, nahm sich dieser der hilflosen Waise an und engagierte den damals noch sehr jungen Mann als Aktenverwalter. – – Ja – ja – Kunstmaler –«

Der Erzähler räusperte sich wie belustigt, und als das bei seinen Gästen keine sonderliche Wirkung hervorbrachte, lief er auf einmal aus dem Zimmer, angeblich um einen Schongauerschen Kupferstich zu holen, den er kürzlich erstanden hatte. Denn der Fürst war leidenschaftlicher Sammler von Kupferstichen, Vasen, Medaillen und anderem. Er war übrigens auch leidenschaftlicher Spieler und – –

Aber nun vergaß er den Kupferstich und dachte wieder über den unveränderlichen Rentmeister nach, der schier unmögliche Leistungen – quantitativ, natürlich nur quantitativ betrachtet – zustande brachte.

Aber hatte Mademoiselle im Grunde nicht doch unrecht, wenn sie ihn einen devoten Schmeichler hieß?

Warum hätte der Aktuar schmeicheln sollen, da er seine Pflicht ganz und willig erfüllte und, ohne Zweifel, nicht den geringsten unbefriedigten Wunsch hegte. Er war auch nicht devot – nein – nur geziemend anständig, ergeben, treu, rücksichtsvoll. Ihm fehlte keineswegs Ehrgefühl; er würde auf ein beleidigendes Wort hin sofort »gegangen« sein; man mußte sich in dieser Beziehung vorsehen. Ja eigentlich – eigentlich war der Aktuar ein viel besserer – –

Da wurde der Fürst abgerufen und eilte mißgestimmt nach dem Schlafzimmer seiner ältesten Tochter, wo ihn der Arzt erwartete.

Es verhielt sich nicht so, daß dem Aktuar die wahre Gesinnung seines Fürsten entging. Auch täuschten sich alle, so die Meinung hegten, der Rentmeister wäre in seine Akten verliebt und gegen alles andere gleichgültig.

In der späten stillen Arbeitszeit nach dem Abendbrot, wenn kein zweiter zugegen war, welcher der Beobachtung bedurfte oder Beobachtung fürchten ließ, geschah es bisweilen, daß etwas im Innern des Aktuars aufstand und ganz leise, allmählich lauter, zuletzt gewaltig an die Wände einer vom Leben umhärteten, liebefremden Seele klopfte.

Der einsame Mann blätterte, zur Erholung, in den ehrwürdigen schweinsledergebundenen Akten der Malteser-Ritter, in den Journalen, Urbarien und Schöppenbüchern, freute sich oder erstaunte aufrichtig über die vorteilhafte Genauigkeit, mit der sie geführt waren, über die sauberen, ziervoll verschnörkelten Handschriften der emsigen Mönche und über das vortreffliche Lumpenpapier. Dann schüttelte er, mühsam entziffernd und in rührend ungeschickt verhehlter Halbwissenheit gelegentlich sein Haupt wegen der närrischen Orthographie oder der geschwollenen Titulaturen. Und begrub die Papiere in das Fach *PX* Numero so und so viel und las ein anderes Heft.

Acta in Untersuchungs-Sachen wegen dem am 8. Januar 1797 im Backofen totgefundenen Hospitaliten Johann George Guettler.

Der Archivar schob das Buch hart von sich und murmelte halblaut: »Es ist kein Herz darin.«

Durch Für und Wider verdeutlichte er sich in Gedanken, wie die Mönche alles so schön, zuverlässig und übersichtlich notiert hatten, weil die Uhr sie nicht hetzte, wie aber nichts darauf hindeutete, daß sie sich einmal über eine Nachtigall oder die knorrigen Akazien gefreut hätten, daß sie etwa gern Muskatwein tranken und – wenn sie ihn getrunken hatten – sich hinaus, hinweg wünschten, zu lustigen Freunden oder um ein Mädchen singen zu hören.

Manchmal erwachte in dem Rentmeister auch jene Neigung zum Zeichnen, welche seiner Jugend so viel Kurzweil und Anerkennung verschafft hatte, jenes warme Vergnügen an unbestimmbaren Farben oder Formen. Er entdeckte, wie anmutig in ihrer einfachen unsymmetrischen Bauweise die eiserne Galerietreppe wirkte; oder seine Feder, welche Zahlen betreffend Nutz- und Schirrholz addierte, irrte plötzlich ab, aufs Löschblatt, wo sie verfallene Mühlen mit Strohdächern und Erlenbüschen zu bilden begann. Bis der Archivar es inne ward, wie ein ertappter Schuljunge zusammenzuckte und dann um so beschleunigter weiteraddierte.

Was die letzten Regungen unterdrückter Sehnsucht in ihm erstickte, was sein Leben so gleichmäßig geformt und so grau gestrichen hatte, war vornehmer Pflichteifer, anhängliche Gutmütigkeit, energieloser Pessimismus, aber gewiß noch manches andere Unerkennbare. Denn wir Menschen haben keine Schlüssel zu den tiefsten Ursachen der Dinge, höchstens unvollkommene Dietriche.

Unversehens trat etwas Neues, Revolutionäres in das Dasein des Rentmeisters. Niemand ahnte, wo und wie es sich eingeschlichen hatte. War der Fürst zum erstenmal unzufrieden gewesen? Gab ein Streit, ein Brief oder ein belauschtes Gespräch dem Rentmeister zu denken? Jedenfalls hatte sich dieser einen neuen Federhalter angeschafft und bekam eines Tages, mitten in der Bürozeit Nasenbluten. Andermal fand der unsichtbare Schloßdiener morgens in der Schlafstube des Rentmeisters eine leere Muskatweinflasche und was des Ungewöhnlichen mehr war. Solche Anzeichen einer Veränderung wurden jedoch nur der nächsten Umgebung erkennbar.

Weniger bedurfte es, um zu bemerken, was außerhalb der Truhe im Schlosse vor sich ging.

Und es stand schlimm.

Wer das noch nicht wußte oder sah, der hörte es auf Korridoren, in den Dienerstuben, im Dorfe oder nachts bei geheimer Liebschaft, und wem so die Augen geöffnet waren, der lieferte die Geschichte, um ein Geringes vermehrt, baldmöglichst weiter, denn man traf sich dabei wie zu einem angenehm fesselnden Theaterstück.

Und während die Postmeistersfrau sich im Dunkeln auf der Kellertreppe eine Rippe zerbrach, als sie den Kellermeister schnellstens benachrichtigen wollte, daß der Hauslehrer nun wohl die Küchengertrud heiraten müßte, saß der Archivar, in der Gasbeleuchtung an Farbe wie eine Leiche, lesend über ein Buch

55

gebeugt, dessen Seiten vergilbt und stockfleckig, jedoch durch unverkennbares Alter geadelt waren.

Des Hoch Ritterlichen Ambtes der Commenda Geldt Bier Undt Brandtwein Haubt Rayttungk; über Einnahme Undt Außgaab Auff Ein Jahr. Undt zwar, Vom Ersten Mayus 1717 bis lezten Aprilis Ao 1718. – –

Es folgten trockene Worte und Ziffern über verschiedene –

»Da!« – Der Archivar legte die Hände an die Wangen und etwas Starres trat in seinen Blick. Da, auf Pagina 117 leuchtete ein roter Klecks, mehr denn die Hälfte der Seite einnehmend. –

Rote Tinte oder Blut? erwog ein Zweifel im Gehirn des Rentmeisters. Der erregte Mann war sich nicht klar darüber; er verstand sich nicht darauf; er roch auch nichts. Aber er fieberte, indem er vielmals die Gedanken Blut und Tinte wechselte.

Vielleicht war es Blut. Vielleicht war hier einmal ein Zeichen von innerem Leben, von außerberuflichem Gefühl, von Weichheit. Vielleicht war das Kundschaft von einem Menschen, der gelitten hatte wie er, der Archivar, und mehr Entschlossenheit besaß als er, der fürstliche Aktuar.

Mönchsblut. Gewißlich war es Malteserblut.

Der Fleck hatte nahezu die Gestalt eines Herzens; nur der linke Bogen fehlte, und der Rentmeister ergänzte das Fehlende durch eine unsichtbare Linie mit der Fingerspitze.

Dann schlug die Turmuhr zwölf schwermütige Schläge; also war es elf Uhr.

»Es liegt etwas in der Luft«, sagte der Koch, die Tomatensuppe quirlend, und andere Leute im Schlosse sprachen das gleiche aus. Max und Fiedl, die niemals zu äußern wagten, dachten nichtsdestoweniger ebenso; und alle hatten ein wenig recht.

Den Rentmeister mußte wohl etwas Närrisches überkommen sein; denn da er die Truhe mit dem üblichen Gutenachtgebrumm verlassen und den Akazienplatz bereits halb durchquert hatte, drehte er sich plötzlich in komisch kühner Schwenkung auf dem Abatz herum und lenkte seine gigantischen Schritte nach dem Winkelhof, wo er sich in den Lichtfleck stellte, ein griesgrämiges Gesicht gegen die verschmutzte Scheibe des Bürofensters drückte und – von Überraschung in unbewegte Haltung gebannt – längere Zeit überschaute, was die Lehrlinge trieben.

Max und Fiedl, die beiden blassen Jungen, standen, nein, tanzten mitten auf dem Tisch. Sie sangen, sie lachten; der Rentmeister hörte es nicht, aber er sah es. Sie hatten rote Wangen, leuchtende Augen, und sie tanzten, sie tanzten auf dem Tisch über die annullierte Grenzregulierung und den neuen Appellationsbericht hinweg. Und begannen nun aus unzähligen Taschen ihrer kümmerlichen Kleider unzählige Paketchen herauszufischen und die Paketchen zu entwickeln – knitterte es nicht? – worauf Gurken, Leberwurst, Brot, Butter, Schokoladenstangen und Zigaretten zum Vorschein kamen. Und dann aßen, fraßen die Jungen drauflos, kauten mit vollen Backen – –.

»Ach, lieber Gott!«

Der Archivar enfernte sich zögernd vom Fenster. Er sah derweilen höchst bemitleidenswert aus, ungefähr so wie ein Bettler, der einen schmerzhaften Schlag erhalten hat.

Fiedl und Max erschraken nicht wenig, als er dann unverhofft im grauen Büro erschien. Wie war das Rot auf ihren Wangen, das

Leuchten in den Augen mit eins verschwunden. Aber hinterher priesen sich die Schuldigen noch sehr zufrieden, weil sich nicht mehr ereignet hatte als pro Mann einen gelinden Klaps mit dem Hornlineal auf den Hosenflick, und daß der Herr Rentmeister an jenem Abend kein einziges Wörtchen gesprochen hatte, auch in der Folge niemals auf jenes Vergehen zurückkam. –

Alles ging im gewohnten Geleise, teils abwärts, teils eben dahin.

Der Archivar hatte wieder seine ernste Beherrschung gefunden, und wenn er auch zwischen Akten, Tinte und Pflichten sich häufig in beharrliche Grübeleien verirrte, die den roten Fleck, die Lehrlinge und eine zerfallene Mühle umfaßten, so hatte er doch, wie gesagt, seine ernste Beherrschung gefunden.

Ein Tag passierte, da aus irgendwelchen Ursachen die Zehnuhrkonferenz besonders stürmisch verlief und an welchem im Schlosse, wo immer es war, Begegnende einander bedeutungsvoll zuwinkten: »Hu, ganz verwünschte Laune heute!«

Fürwahr, es ging widerwärtig in der Welt zu. Draußen rieselte unaufhörlicher Regen. Und der zweite Diener trug beim Servieren eine unglaublich schmierige Weste. Und es war logisch, wenn auch nicht juristisch offenbar, daß der Knecht Hadamus die Klinksdorfer Scheune angezündet hatte. Und die Fürstin schien von dem Besuch bei Mademoiselle Wind bekommen zu haben. Und die Klagen über den Koch Meßberger nahmen kein Ende. O die Welt war eitel Niedertracht.

Die Kerze, welche neben dem fürstlichen Diwan auf einem Journalständer brannte, hob flackernd bald »noch immer unbeantwortete« Briefe, bald schreckende Zahlen, bald wieder unausstehliche Porträts großzügiger, edler, gütiger Menschen hervor. Der Fürst löschte die Kerze; es half nichts. Lärmend schlug der Regen auf das Fensterblech. – –

Was nützte es, ihm noch mehr aufzuhalsen ... Ja wohl, Durchlaucht, sehr wohl. –

Und er, nur er, wäre vielleicht noch imstande gewesen, den verfahrenen Karren aus dem Dreck zu ziehen. O ho! Sollte sich der Fürst vor einem Müllersohne beugen? Nein, ihn fassen, ertappen, beschämen! Denn er war doch ein Heuchler, ein Duckmäuser, ein Schmeichler.

Kurze Zeit nachdem stand der Fürst – er war ungesehen auf selten betretenen Schlupfwegen dorthin gelangt – in dem Lichtfleck auf dem Winkelhof unterm strömenden Regen, lehnte ein scheußlich frohlockendes Gesicht gegen die kalte Fensterscheibe und sah in Unbeweglichkeit gebannt, was der Rentmeister trieb.

Der Rentmeister, der selbstbewußte, bitterstrenge Herr, trieb Allotria, trieb kindische Spielereien, während alle im Schlosse glaubten, er arbeite noch so spät. Haha! Der Aktuar kniete auf dem Fußboden und amüsierte sich damit, seine linke Hand mittels eines Bindfadens an das Tischbein zu binden. Zweimal ums Handgelenk und zweimal ums Tischbein herum und dann nochmals so.

Daneben, auf der Diele, lag ein aufgeschlagenes Aktenheft, und den scharfen Blicken des Beobachters entging nicht, daß es gröblich mit Tinte besudelt war.

Schämte sich der grauhaarige Kerl denn gar nicht ob solcher Torheiten? Nein, er kicherte fortgesetzt vor sich hin – man hörte es nicht, aber man sah es. Er verknotete den Bindfaden über der Fesselung und ergriff mit der Rechten ein Radiermesser, um die über den Knoten hinausragenden Enden der Schnur pedantisch abzuschneiden und kicherte und redete dabei; vielleicht war der Aktuar betrunken. Um Himmels willen, was tat er denn jetzt! –

Der Fürst sprang zurück, lief rasch aus dem Winkelhof hinaus und um die Ecke herum.

Als er in die Truhe stürzte, war der Aktuar vornübergefallen, hing mit dem linken Arm am Tischfuß, und dieser Arm war über und über mit Blut beflossen.

Der Archivar rollte in weit aufgerissenen Augen ein Paar gräßlich stierende Pupillen, und die bluttriefenden Finger seiner rechten Hand kratzten mit unbegreiflicher Anstrengung an einem roten Klecks in dem Aktenbuch, welches ihm zur Seite lag.

»Den linken Bogen —« stammelte er einmal und nochmals mit entsetzlicher, fremder, gleichsam weit entfernt klingender Stimme.

Was Seine Durchlaucht der Fürst auch anstellte, er brachte nicht mehr aus dem Sterbenden heraus.

Vergebens (1912)

»Damit ist die Vorstellung zu Ende, Liddy,« sagte in der vordersten Reihe ein hochgewachsener, bleicher Herr von studentischem Aussehen.

In die Gruppe der Nächststehenden kam eine plötzliche Bewegung ungenierter Neugier, die wissen wollte, wer Liddy sei. Man sah ein junges, unscheinbares Mädchen mit einem Mausgesicht und harten Händen, sah eine blauwollene, großmaschige Jacke und über verkümmertem Haar einen billigen Modehut. Dann – das Interesse verlierend – schloß man sich dem dichten Zuge jählings auflebender Menschen an, die zum Ausgange strömten. Diesen sichtlich Unzufriedenen – aus deren durcheinandersummenden Reden die allgemeine Meinung herausklang, man habe für fünfzig Pfennige doch wildere Wilde, andere Samoaner erhofft – folgten, als letztes Paar, Liddy und Walter Senath.

Nur das vertrauliche »Arm in Arm«, sonst nichts, deutete darauf, daß die Kleine innig zu dem Großen gehörte. Denn sie schritten schweigend hin. Keines wandte einmal den Kopf, um nach der Stimmung des anderen zu forschen, wie Liebende tun. So ward er nicht gewahr, daß die Fröhlichkeit von ihrem Gesichte verschwunden war, um derentwillen er einen ganzen Nachmittag voll trügerischen Jahrmarktwirrwarr erduldet hatte, und so war es möglich, daß der Ausdruck seines fein und scharf geschnittenen Antlitzes ihr nicht entdeckte, wie unerträglich die aufdringliche Karussellmusik, der stickige Bratwurstdunst und besonders die aufregende Lichtfülle dieser tollen Zweiwochenstadt ihm erschienen. Später, draußen auf der stillen Laternenallee, entging es ihr auch, daß der junge Student einmal leise das Wort »Tautau« vor sich hin sprach, wobei er die Lider sekundenlang senkte.

Walter sann, tief und rein, aus einer berauschten Seele. Seine Gedanken reihten sich bunt aneinander und türmten sich hoch, wie zu einer Mauer, die ein weites Stück Welt umfaßte und Liddy ausschloß. Es sprach ihm Lob, daß er bei einem dieser Gedanken errötete: Als er das oft bewunderte Weib in ungeübten englischen Schulsätzen angeredet hatte, war sie mit einem wilden stolzen Blick der Verachtung davongegangen, hatten fremde Menschen in Gegenwart Liddys seine zaghafte Stimme belächelt. – – Liddys?

Liddy durchbrach die Mauer. – Sie fiel ihm ein, und wieder verschönte ein flüchtiges Rot sein ernstes Gesicht. Sie konnte nicht schadenfroh sein. Sie war zu harmlos, viel zu langweilig. Ärgerlich langweilig war sie oft. Überdies: welche Faulheit im Sprechen und Denken! Welche Scheu vor allem, was ungreifbar! – Nie einen Wunsch. In den sechs, den sieben Monaten kaum ein Lachen, kaum ein Weinen! Wie wunderlich, daß solch ein Geschöpf ihm vertraut geworden! Doch nun, wie wohltuende Wärme durchdrang ihn das Bewußtsein, in redlicher Ausdauer Zeit und Besitz mit diesem treuen Kinde zu teilen, das von einer barbarischen Mutter lieblos vernachlässigt worden war. Kein Zweifel: er liebte die Kleine, – weil sie unaufgefordert ihm Hosen bügelte, das von der Waschfrau gebrachte Leinenzeug in die richtigen Schubfächer barg und alle Ungerechtigkeiten seiner nervösen Stimmungen mit sanfter Einfalt wortlos hinnahm. Sie tat noch mehr; sie kochte, sie nähte – und hatte früher in einer Fabrik um karges Geld mühselige, häßliche Arbeit verrichten müssen.

»Liddy, warum nun so trüb? Du warst doch anfangs so lustig.«

Aus trockenen Lippen quälte sich die kaum vernehmbare Antwort: »Mm – müde!«

Wieder schweigend wanderten sie weiter, in einer schwarzen Gasse, durch einen Torgang, über einen unheimlichen Hof in ein Hinterhaus, wo sie müde tappend vier Treppen erklommen. Oben erleuchteten sie die stillos, aber behaglich möblierte Wohnung, legten Hut und Überzeug ab, und Liddy verriegelte lärmend die Fenster.

In der Schlafkammer fand sie die Betten in einem Zustande, der vom Zeitvertreib einer Katze erzählte, die beim Öffnen der Türe ahnend entwichen war.

Bald darauf lehnte Walter im Nebenraum am kalten Ofen und beobachtete mit beherrschtem Vergnügen, wie seine Geliebte ein steifes weißes Linnen über den schnörkelfüßigen Ahnentisch glättete. An diesem Tisch saß sie nach dem Abendessen, rücksichtslos bequem, mit aufgestemmten Ellenbogen, die Finger überm Nacken verflochten, und las einen Dutzend-Roman. Hinter ihr, auf einem verblaßten Diwan ausgestreckt, lag Walter. Seine weitgeöffneten Augen waren auf ein verräuchertes Stück der Decke gerichtet, wo über der Lampe matte Schattenringe spielten ... und er sah tanzende Samoaner. Und längst erstarrte Gedanken tauchten in seiner Seele zu brausenden Träumen, ihn fernhin zu tragen. Manchmal bewegten sich seine Lippen zu lautlosen Worten.

Schwere, schleppende Atemzüge verloren sich in der Ruhe des Zimmers. – Allmählich begann Walter seine Gedanken in hörbare Worte zu fassen, die, je länger er sprach, um so leidenschaftlicher klangen.

»Ach, die von Samoa! Liddy, wir sind erbärmliche Krüppel, suchende Blinde, verlogene Prahler, du, ich, wir Weißen alle gegen die von Samoa! Sie sind Gestalten aus heller Bronze, weitblickend und furchtlos; Krieger mit kalten Messern in schweren Fäusten, Jäger, die sich mit rauhen Knien durch knackendes Buschwerk kühne Wege bahnen.

Sie stehen in der Sonne im Sand, und Seewind kühlt ihre bloße Brust. Sie setzen sich in engen Zelten zu trotzigen Frauen mit reifen

Brüsten; Frauen, wie Tautau, mit breiten Schenkeln und lässigen Hüften. Diese Frauen stecken sich feuchte, sterbende Blüten ins dunkle, unbändige Haar. Frauen mit lüstern wiegendem Gang reichen die Kawa in Kokosnußschalen.« –

Liddy las.

»Stelle dir vor, wir wandelten nackt über lichtgrüne Matten. Du trägst um den Hals eine kühlende Kette aus roten Korallen und Zähnen des Pottwals. Papageien schaukeln sich in säuselnden Palmen, und vor uns ragen die starren Berge. Wir lauschen am Strand, wie die ewigen Wogen kommen und scheitern, bis die Nacht uns ihr Weh in die Herzen gießt, und singende Mädchen in schmalen Kanus gleiten vorüber, große, scheue, traurige Mädchen, die von den Müttern Grazie, Kraft und Anmut erbten. Nicht wahr, Liddy, diese Frauen sind herrlich?«

»Mm – dicke Beine«, klang es unwirsch vom Tisch her.

»Ach, du bist eine – – du verstehst das nicht. Du denkst nicht daran, daß sie uns betrachten, wie wir sie betrachten. Glaube mir: Die Mutter Tautau sorgt für Metita wie unsere Mütter für ihre Kinder.

Du kannst nicht verstehen, warum solche Weiber uns fremd übersehen, und du sahst es nicht, wie heiß sie blickten während der Kämpfe der Häuptlingssöhne. Du vernahmst ein Geschrei und die Schläge auf Kalbfell bei dem Gesange ›Gruß an die Heimat‹. Ich aber hörte nur schwellende Sehnsucht nach einem Eiland im Stillen Ozean. Wie groß muß ihr Heimweh sein! Denn ihre Heimat ist schön, ist unbeschreiblich schön.«

Der Sprecher hielt inne, schloß für Minuten die Augen und glich einem sanft und glücklich Gestorbenen. Aber seine ruhelosen Ideen schwebten weiter und schwangen sich höher, wie rastlose Möven, und nun er aufs neue zu sprechen begann, mit weichen, getragenen

Worten, da bebte in seiner Stimme eine schwer verhaltene Inbrunst. »Liddy, wie das klingt: Tanz der Mädchen im Sitzen! Schmetterlingstanz! und: Der hohe Häupling Tamasese! – Liddy: Stiller Ozean! Indischer Ozean! – Eiland! oder Irland! Stockt einem da nicht für Sekunden der Herzschlag!«

Die Angeredete schlug das Buch zu, schreckend heftig, und verließ mit auffallend harten Schritten die Stube.

Ärgerlich oder verwundert richtete Walter sich zum Sitzen empor, stützte die Ellbogen auf die Knie, das Kinn auf die Handballen und schaute verdrossen, mit seitwärts geneigtem Haupt, nach der Tür. Er er wartete, einem Wunsche nahe, von seiner Geliebten irgendeinen stärkeren Anlaß, um über mürrisches Wesen und Mangel an Zartgefühl gründlich zu schimpfen.

Liddy kam mit Jacke und Hut und zwei Paketen aus Zeitungspapier.

»Wo willst du denn hin?«

»Zu meiner Mutter.«

»Zu deiner Mutter?«

»Ja.«

»Jetzt?«

»Für immer.«

»Bist du des Teufels? Habe ich dich irgendwie gekränkt?«

Auf einmal zuckte das Mausgesicht in rührend komischen Grimassen. Walter nahm etwas Schimmerndes wahr, und er fragte mit einer Stimme, deren fremdartige Rauheit ihn in Verlegenheit brachte: »Ist es dir ernst? Du willst davon?«

»Du kannst dir ja eine Samoanerin nehmen!«

»Liddy, du bist doch ein albernes Ding!« Er sprang auf, trat zum Fenster und beschäftigte sich eifrig damit, einer mageren Palme die Blätter auszureißen, so, wie man Hühner rupft. Von jeher litt er an ausgesprochener Angst vor Auseinandersetzungen, auch wenn er sich keiner Schuld bewußt war. Diesmal aber fühlte er deutlich, daß mit dem naiven, vernunftlosen Trotz dieses Mädchens nicht zu streiten sei. Er stand ihren Tränen und ihrem tauben »Nein« gegenüber wie das Kaninchen der Riesenschlange.

Sein Verhalten ehrlich prüfend, vermochte er nichts zu entdecken, was Liddys Verstimmung gerechtfertigt hätte. Diese Verstimmung war Eifersucht. Der steigende Ärger, mit dem er das erkannte, ging unter in der Befürchtung, er könne seine Geliebte verlieren.

»War ich wirklich böse zu dir?« rief er in einem liebenswürdigen Tone versöhnlicher Lustigkeit und drehte sich langsam um. Aber Liddy war fort. Sie war gegangen, nicht wiederzukehren.

Und Walter kramte ein Bildnis hervor, das er in ähnlicher Weise wie zuvor die Palme behandelte, vernichtete in gewisser Pose eine gehäkelte Bürstentasche und schlief außergewöhnlich spät ein.

Im Laufe des folgenden Tages unternahm er mit aufwachender Heiterkeit mancherlei, was junge Witwer und Strohwitwer tun, und als er gen Abend seine Schritte wiederum nach dem anziehenden Samoanerdorf lenkte, trug er die Miene eines Menschen zur Schau, der nach langem Zwang wieder Freiheit genießt.

Er drängte sich, ein wenig brutal, durch das Publikum nach einem Platze, wo er Tautau im Gespräche mit einem älteren Herrn gewahrte.

Dieser, dem ein energisches Kinn, Reitstiefel und andere Merkmale das Äußere eines weitgereisten, vornehmen Mannes gaben, unterhielt sich lebhaft über die Barriere hinweg mit der üppigen Insulanerin in der Sprache ihres Landes.

Walter war dicht herangetreten. Seine Mundwinkel zogen sich in einer Bewegung des Spottes herab, während er sich den Anschein gab, als ob er den beiden verständnisvoll zuhörte. Er zog die Uhr aus der Tasche und wünschte sich ungeduldig den Anfang der Vorstellung herbei. Nicht ohne Absicht stieß er den andern unsanft an und entschuldigte sich gleichzeitig mit einem auffälligen »Pardon!«

»O bitte!« beschwichtigte dieser höflich mit einer leichten Verneigung zur Seite und sprach darauf weiter. Er sprach sehr lange, vielleicht eine Stunde oder zehn Stunden.

»Es scheint, man gibt hier eine sprachenkundliche Nebenvorstellung«, bemerkte Walter und zog die Uhr aus der Tasche. Niemand beachtete seine Worte. »Reitstiefel trägt man«, fuhr er nach einiger Zeit lauter fort, »warum bringt man nicht gleich den Gaul mit?«

In diesem Augenblicke wurde Tautau durch dumpfe Trommelschläge abgerufen. Der Weitgereiste richtete sich langsam auf und sagte mit überlegener Ruhe, bemessen leise zu seinem Nachbar: »Junger Herr, Sie sind grundlos unartig oder eifersüchtig.«

»Ich eifersüchtig?« – Walter senkte unvermutet den Kopf, biß sich auf die Lippen und flüsterte dann seltsam kleinlaut: »Ich schäme mich doch.«

Diese vorzügliche Erziehung verratende Äußerung der Zerknirschung mochte wohl das Mitgefühl des älteren Herrn erweckt haben, denn er reichte, wie kameradschaftlich, seine Rechte hin und entgegnete herzlich, als wollte er ein zu schroffes Wort wieder gutmachen: »Nun, wenn Sie so sprechen, dann wollen wir alles vergessen und uns vertragen.«

Walter ergriff aber nicht die dargebotene Hand. Er entfernte sich stumm ohne Gruß, bahnte sich hastig einen Weg durch die Zuschauermenge und lief heimwärts, durch die stille Laternenallee, lief in etwas gebeugter Haltung und mit schlürfenden Schritten durch die schwarze Gasse nach Hause.

Wer würde ihm künftig aus Liebe Hosen bügeln?

Auf der Straße ohne Häuser (1913)

Die Landstraße entlang lief mit äußerster, atemraubender Hast in einem Kleide aus blauem Taft ein schönes Mädchen. Das war die Tochter eines strengen, rechtschaffenen, geachteten und reichen Mannes. Sie bedachte weder den Staub, noch die Hindernisse des Weges; es kam vor, daß sie über einen Stein hinfiel und ein andernmal gegen einen Pfahl rannte, die sie beide nicht gesehen hatte, obwohl sie nicht blind war. Auch empfand sie keinen Schmerz von dem Anprall und weinte doch unaufhörlich, wimmerte laut und stammelte angstverwirrte Gebete.

Ihr Ziel war ein beträchtlich entfernter Teich. Dort wollte sie sich und ein ungeborenes Menschenkind ertränken.

Es wehte kalt auf der herbstlichen, trockenen Landstraße. In vornehm gemäßigter Eile schritten zwei Damen dahin, begleitet von einem Offizier, der wohl der Gatte der einen, der Vater der anderen sein mochte.

Der kindische Ton einer Hupe bewog sie, zur Seite zu treten; und ein Gefährt überholte sie, ein graues Automobil, in dem eine graue Mumie hockte. Es raste vorüber, zwei häßliche Schweife schwelenden Rauches nachziehend, und verschwand auf der Höhe des Weges in einer Wolke wirbelnden Staubes. Einmal erklang noch das lächerliche Hupensignal, gleich darauf ein heller menschlicher Laut, etwa wie der Juchzer eines Tirolers, und öde Stille blieb zurück.

Die Fußgänger setzten ihren Weg fort unter Äußerungen des Unwillens. Dann bemühten sich die Damen, ein heiteres Gespräch aufzubringen, um den Wind nicht zu hören, der sich mit leisem

Klagen durch Telegraphendrähte wand, und plötzlich rief die jüngere: „O Gott, da liegt jemand!"

Mitten auf der Straße, im Schmutze ausgestreckt, lag ein junges Mädchen im blauen Taftkleid. Ihr rechter Arm war unnatürlich verrenkt, und vom linken Backenknochen an, quer über die Stirn, war ihr der Kopf gespalten, als wäre ein Pflug darübergegangen. Aus der Furche quoll die Gallertmasse von einem ausgelaufenen Auge, mit Fetzen vom Gehirn vermengt, und schwarzrotes Blut war über das noch jugendliche Gesicht verspritzt, sickerte durch zusammengeklebtes Haar.

Ein Aufschrei aus drei Kehlen flüchtete über die Felder, vielleicht von fern auch wie der Juchzer eines Tirolers anzuhören. Die Lebenden umstanden die Tote minutenlang starr, aufrecht, mit äußerst geweiteten Augen, mit gespreizten Fingern. Nun bückte sich der Offizier, schob die Lippen des Mädchens auseinander und sagte nach einiger Zeit ergriffen: „Es hängt ein Glück an ihrem Unglück — sie ist tot. — — — Sie, heda! Kommen Sie rasch!" Das letzte, laut gerufen, galt einem hageren Manne, der gebückt, langsam des Weges kam und ein Bummler, ein Landstreicher zu sein schien. Er mußte den Zuruf verstanden, die Situation der Wartenden erkannt haben, aber er beschleunigte durchaus nicht seine Schritte.

„Ein Unfall — laufen Sie nach der Stadt! Holen Sie einen Arzt, einen Wagen, — Polizei! Wir bleiben inzwischen hier."

Der Fremde trat schweigend an die Gruppe heran. Sein trockenes, wirres Haar bedeckte die Hälfte einer niedrigen Stirn und verlieh dem langen, gelblichen Gesicht einen Ausdruck von Trotz und Beschränktheit. Der Unterkiefer hing schlaff herab; es sah aus, als könnte er ihn nicht bewegen. Der Mann stieß seine schmutzigen Hände geballt in die Rocktasche, zog die Achseln hoch und betrachtete mit fast tierischen, rücksichtslosen Blicken die beiden Damen, welche unverborgen weinten, während sie den entstellten

Körper am Boden mit ihren Schals und Taschentüchern zudeckten. Mit zusammengezogenen Brauen, finster und streng, verfolgte der Offizier dabei das Benehmen des Landstreichers, wohl nach einem Zeichen von Mitleid oder Erschütterung spähend.

„So eilen Sie doch! Schnell, schnell!"

Der Mann wandte sich dem ernsten, sichtlich entrüsteten Herrn zu und lallte, wie betrunken, mit blöder Stimme: „Schenken Sie mir was."

Die Augenbrauen des anderen zogen sich noch mehr zusammen. „Ja doch, gewiß, Sie werden bezahlt. Laufen Sie nur! Haben Sie denn gar kein Herz? Laufen Sie! Marsch!"

Der Bummler blieb stehen und hielt dem Sprecher die flache Hand hin. In diesem Augenblick ward ein Radfahrer sichtbar. Sofort schwenkte der Offizier seine Mütze, zur Eile treibend, aber an seinen hochgehobenen Arm klammerte sich jetzt der Landstreicher, indem er hartnäckig, beinahe wie drohend, wiederholte: „Schenken Sie was."

Die ältere Dame warf ihm eine Börse vor die Füße. Gleichzeitig traf ihn eine Reitgerte in hartem Schlag, daß er zurücktaumelte und aufstöhnend die Hände an den Hals preßte.

Der Radfahrer sprang indes vom Sattel. Als er sich den Mund zuhielt und mit der Zunge schnalzte, sah und hörte es sich an wie tiefes, aufrichtiges Entsetzen. Darauf zog er in unwillkürlicher Pietät seine Mütze und wartete wortlos, mit fragenden Augen auf eine Erklärung. Und als er diese und höflich befehlende Instruktion erhalten hatte, bestieg er mit rührender Eilfertigkeit seine Maschine und fuhr dem nächsten Orte zu.

In entgegengesetzter Richtung wankte der Landstreicher davon. Er hatte die Hände überm Nacken gefaltet, und als er sie sinken ließ, entblößte er einen blutunterlaufenen Striemen am Hals. — Aber er lachte von Zeit zu Zeit leise vor sich hin. Sein Kopf war zur Brust geneigt. Der Unterkiefer hing schlaff herab, und die Augen waren bis auf einen kleinen Spalt geschlossen.

Er wankte dahin und lachte von Zeit zu Zeit leise vor sich hin. Dann betrat er den Wiesenrand, um sich vor einer Telegraphenstange niederzulassen, die er mit Armen und Beinen umschlang. So blieb er still sitzen. Man hätte meinen können, er wäre an der Stange heruntergerutscht; man hätte auch meinen können, er küßte sie wie eine Geliebte, denn er hatte den offenen Mund fest auf das tönende Holz gedrückt. So verharrte er stumm.

Es zogen ein paar Studenten vorbei, die über ihn lachten und weitergehend einander von eigenen Heldentaten erzählten, die sie im Rausche vollbracht hatten. Es kamen Leute vorüber, die sich entrüstet abwandten und von der Torheit Erwachsener sprachen. Ein Dichter blieb stehen. Dieser Mann, dachte er, hört einem Holzpfahl zu — — ein berauschter Obdachloser, der Stimme des Weltverkehrs lauschend. Das fand der Dichter schön, freute sich und wollte den Andächtigen nicht stören. Wieder andere Menschen näherten sich; die versuchten den Bummler aufzuwecken, wähnend, er schliefe. Sie entdeckten, daß er tot war.

Männer wurden gerufen, welche feststellten, daß er einen Pfandschein aus Hamburg und ein Messer mit der Inschrift „Chicago 107" bei sich trug. Andere Männer konstatierten, daß er verhungert, daß er aus Mangel an Nahrung gestorben war, und wieder andere legten ihn in einen ganz neuen, gegen Schnee und Regen schützenden Sarg und begruben ihn.

Es blieb die Frage übrig: Wer ist der Mann? — Eine Frage, die wie etwas Spinnenartiges kaum bemerkbare Beine und Fühler weit hinaus ins Land reckte, feine Fäden verknüpfte und staubige Akten durchirrte. —

In das Haus eines strengen, rechtschaffenen, geachteten und reichen Gutsbesitzers drang derweilen tiefes Herzeleid. Die einzige Tochter, die er mit ebensoviel Fürsorge als Erfolg erzogen hatte, war das Opfer eines Unfalles geworden.

Irgendwo, anderswo, gab jemand zu dieser Zeit ein vornehmes Gastmal, ein Automobilfahrer, der einen neuen, glänzenden Rekord aufgestellt hatte. Offiziere, Sportsleute und sonstige angesehene Personen waren geladen. Ein alter Herr erhob sich an der Tafel; man wußte, daß er Großes für Kunst und Wissenschaft geleistet hatte, und er sagte unter anderem aus ehrlicher Überzeugung heraus: „Glauben Sie nicht, daß ich, als ein Mann rein geistiger Arbeit, geringschätzig über sportliche Unternehmungen denke. Mir ist bekannt, daß eine Wettfahrt, wie die heute gefeierte, mit schwersten Gefahren verbunden ist, und daß dieselbe neben Geschicklichkeit, Energie und mehr, vor allem hohen Mut erfordert. Mut trägt immer etwas Herrliches in sich, im Spiel wie im Ernst, im Frieden wie im Krieg. Ich hege ungemeine Hochachtung vor dem Mut. — —"

Der alte Herr schloß seine Rede damit, daß er ein Hoch ausbrachte und zwei Sektgläser umstieß, was die allgemeine Ausgelassenheit wesentlich förderte. —

Auf der Landstraße draußen wehte es kühl. Dort wanderten vereinzelt Menschen, rollten manchmal Wagen. — —

Als der Winter regierte, da ward die Bahn noch stiller. Nur wenige schweigsame Menschen stiefelten durch den Schnee, mit großen Schritten, um bald wieder Häuser zu erreichen. Seltener klingelte ein Schlitten daher. — —

Im Frühling hatte das Spinnenartige in einem fernen, winzigen Dörfchen gefunden, was es suchte: einen Namen, Hans Hölzerleimer, einige Zahlen und sonstige Angaben und die Bemerkung „keine Angehörigen mehr am Leben". Damit war eine polizeiliche Angelegenheit erledigt. —

Da es Sommer geworden war, beschien die Sonne schwatzende, lachende Spaziergänger auf der Landstraße, und ein Wind bewegte lustige Bänder und Tücher.

Und doch: Draußen, auf der Straße ohne Häuser, weht immer ein eigen kalter Zug; achte einmal darauf!

Das Gute (1913)

Am Bahnhof ließen die Gassenbuben endlich von der Zigeunerin ab. Aber Iwan Georgewitsch warf ihr noch eine Handvoll tauschweren, schmutzigen Schnee nach, der sie an der Hüfte traf und den dünnen, blauen Kattunrock mit widerlichen Flecken durchtränkte.

Der dienstschlafende Polizist, welcher die Szene beobachtet hatte, barg sich tiefer in den Morgenschatten eines Torbogens und beschwichtigte sein russisches Gewissen, indem er behaglich brummte: „Ach, das macht der alten Krähe nichts!"

Diese Bemerkung schien gar nicht unpassend, denn der Rock der Zigeunerin war in der Tat schon übel zugerichtet, und wenn sie ihn übermäßig hoch raffte, so geschah es wohl nur, um schneller ausschreiten zu können, nicht um ihn zu schonen. Außerdem: Wie sie gebeugt, auf dürren Beinen dahinstelzte – langschrittig, um ihren Verfolgern zu entkommen, vorsichtig, damit ihre großen, nur mit dürftigem Schuhwerk bekleideten Füße nicht allzutief in Schnee und Schlamm versänken – so sah sie wirklich einem riesigen Vogel ähnlich, zumal sie den linken, gebogenen Arm, woran ein Hausierkorb hing, im Gehen flügelartig bewegte.

Garstige Flüche und Verwünschungen murmelte sie vor sich hin, gegen die Niedertracht der Menschen, gegen Letten, Russen, gegen alle Livländer und besonders gegen jene Schulbengels, die sie ihrer Meinung nach gern und mitleidslos erwürgt hätte. O, sich rächen zu dürfen!

Sie fühlte und hörte, wie das Wasser in den Schuhen bei jedem Schritt patschte, empfand auf einmal, daß ihre Sohlen eiskalt von Nässe waren, und verwischte dabei mit unsauberen Fingern die

Schweißtropfen auf der Stirn. Sie berechnete, daß sie seit vierundzwanzig Stunden keinen Schlaf genossen hatte, dachte an vielerlei Ärgernisse, Enttäuschungen, die ihr in dieser Zeit begegnet waren, auch daran, daß ihr eigener törichter Übermut solches verschuldet hatte. Dann spürte sie, wie sich irgendein Band ihrer Unterkleidung löste, und ihre Hände, die den Rock und ein wollenes, vielfarbiges Kopftuch hielten, krallten sich so krampfhaft zu Fäusten, daß sie zitterten, daß der Korb am Arm mitzitterte. Ja, als sie, die Stufen zur Bahnhofshalle hinanhastend, auf den Saum ihres Unterrocks trat, so daß dieser hörbar zerriß, blieb sie einen Moment mit zusammengepreßten Augen stehen, um zwei Tränen loszuwerden, die sich nicht unterdrücken ließen. O, sich rächen zu dürfen! Übrigens: An wem?

Obwohl noch eine halbe Stunde bis zum Abgang der Strandbahn verblieb, war die Halle schon von Wartenden belebt, vornehmlich Arbeitsleuten, die in hohen, schweren Stiefeln auf den triefenden Steinfliesen hin und her trotteten, und deren Schritte an den kahlen Wänden des gewölbten Saales knapp widerhallten.

Auf der einzigen Bank und neben derselben am Boden kauerten Frauen, und am Schanktisch wankte in kläglicher Betrunkenheit ein Soldat, der von Zeit zu Zeit sein Inneres und sein Äußeres mit Wodka begoß. Auch waren unter der Menge einige besser gekleidete Damen und Herren. Sie mochten die Nacht durchzecht, durchtanzt haben, von Bällen oder Maskeraden heimkehren; das war ihnen nach Anzug und Gebaren unschwer anzumerken, und jener Tag gehörte zum Februar, da man im westlichen Rußland dem Fasching ebenso opferte als in Deutschland.

Die meisten dieser Leute befanden sich in Gedanken schon oder noch im Bett und verhielten sich still und ernst. In ihren Blicken, die von der Uhr durch die Halle wieder zurück zur Uhr streiften, in ihren Bewegungen prägte sich jene selbstsüchtige Strenge aufgezwungener und gewohnter Geduld aus.

Die Hausiererin schob sich in das dichteste Gewühl. Gleichzeitig schlang sie das breite Kopftuch eng zusammen, daß nur wenig von ihrem braunen Gesicht, dem einfach gescheitelten, tiefschwarzen Haar unbedeckt blieb. In gebückter Haltung, den Kopf zur Brust gesenkt, vermeinte sie sich hinter einer Gruppe breitrückiger Gestalten verbergen zu können; aber das gelang nicht. Denn die Nächsten wichen vor ihr zurück; andere umringten und betrachteten sie mit neugieriger Betrachtung, wie man ein wildes, abscheuliches Tier beguckt. Sie musterten dreist oder verstohlen ihren Korb, ihre Schuhe, ihre jämmerliche Physiognomie, lachten, spotteten erst verhalten, bald offener. Besonders Frauen vergnügten sich unverhohlen, als ein dicker plattnasiger Lette sich tölpelhaft zum Spaßmacher aufwarf, indem er das Leinentuch von des Weibes Korb wegzog; wobei allerdings ein komisches Durcheinander von Apfelsinen, Schuhbürsten, Kinderspielzeug, Taschenkämmen, Zwirnrollen und anderlei Sachen zum Vorschein kam. Daraufhin steuerte sich der berauschte Soldat hinzu und begann eine längere Ansprache, mit schluckenden, teils russischen, teils lettischen Worten, welche das allgemeine Ergötzen erhöhten, zumal er sie durch gewagt vertrauliche Gesten unterstützte. Das Weib hatte Mühe, sich der Aufdringlichen zu erwehren. Vorübergehende stießen sie achtlos, sogar absichtlich an. Die Uhr ward vergessen; man unterhielt sich nur noch gespannt mit dem Anblick der fremden Gestalt. Was sie wohl anfangen würde?

Die sagte nichts; sie durfte ja nicht; es hätte nur mehr peinliches Aufsehen erregt. Sie ertrug. „Hexe!" „Wahrsagerin!" rief man ihr zu, und junge Leute bestürmten sie, ihnen die Karten auszulegen; auch wollten sie ihr etwas von dem drolligen Kram abkaufen. Die Braune schüttelte nur wortkarg und abwehrend den Kopf. Doch in ihren Augen funkelte unsäglicher Haß. Sie mußte dulden, – weil sie ein Weib und eine Zigeunerin war. Das wußte sie, wie sie auch qualvoll erkannte, daß sie einem rohen, unverständigen Pöbel auf der Bühne der Langeweile ein Schauspiel gab. Man vergalt ihr mit kaum erträglichem Hohn, mit plumpen Schikanen. Bis das Rasseln eines

Schlüsselbundes die Peiniger hinweg zum Schalter trieb. Der Plattnasige hielt es davonrennend noch für lustig, in den Korb mit den Apfelsinen zu spucken.

Das Fahrgeld – zwanzig. O Gott, es reichte nicht: es fehlten zwei Kopeken. Fiebernd durchhakten die knochigen Finger den Inhalt des Korbes zur Belustigung vieler Gaffer. Ein Polizist schaute mißtrauisch zu. Sie sah – vielmehr empfand es nur, und eisige Angst griff in die Schläge ihres Herzens.

Er wird mich anhalten, ausforschen, bangte sie und wühlte noch rascher, noch aufgeregter in dem krausen Tand herum. Ich habe das Geld verloren. Ach, daß mich alles treffen muß! – O allmächtiger Vater im Himmel, du kannst das ansehen! Gott, du bist schlecht, du bist – nein, Gott, du bist gut. Sei barmherzig, bitte, bitte! Hilf, daß –

Und sie entdeckte die zwei Kopeken. Keuchend langte sie vor dem Schiebefenster an, forderte zaghaft ein Billet. Der Beamte schimpfte: Ob sie das Maul nicht aufreißen könnte.

Sie hörte nichts. Indem sie zum Perron jagte, rannte sie gegen eine Säule und stieß sich das Handgelenk blutig.

Der Zug war, wie allmorgendlich, auch diesmal im Nu überfüllt. Zumal in den Wagen letzter Klasse herrschte bald ein arges Gedränge, grobes Schelten und Streiten um die Plätze, dazu heiße üble Luft. Diejenigen Fahrgäste, welche sich eine Sitzgelegenheit erhascht, förmlich erkämpft hatten, gaben deutlich zu verstehen, daß sie das Errungene unter jeder Bedingung behaupten würden. Die anderen beruhigten sich erst, als der Zug stampfend, zischend ins Rollen kam, und unter ihnen befand sich auch die Frau mit dem bunten Tuch. An einem eisernen Träger lehnte sie, kaute auf ihren Lippen und schickte bittere Blicke nach allen Seiten. Es versteht sich von selbst, daß sie ununterbrochen von ihrer Umgebung angestarrt wurde, verständnislos, anstandslos, voll Abscheu. Da saß eine

Gesellschaft von Nachtschwärmern, welche vor dem Ernst des trüben Morgens ernüchtert und verstummt waren, nun aber allmählich wieder in ausgelassenere Stimmung kamen und ungeniert über die Zigeunerin zu witzeln begannen.

Der entging kein Wort. Daß dieses Witzeln sowie das jeweils folgende Gelächter so geistlos, niedrig waren, das steigerte ihre Wut zum äußersten. Wahrhaftig — so seltsam es klingen mag — der Zigeunerin war eine sehr zarte Empfindlichkeit, ein feines Verständnis eigen. Sie erriet auch verschwiegene Gedanken bei den übrigen Passagieren: Vor dieser diebischen Landstreicherin, die sich selten wäscht und gewiß Ungeziefer an sich trägt, muß man auf der Hut sein. Wie, wo und wovon mag sie leben? Ob sie zaubern kann? Halbschuhe trägt sie im Winter, seidene Strümpfe mit großen Löchern darin! Wenn sie wüßte, wie lächerlich sich ihre zerfetzten Flitter ausnehmen!

Derartige Bemerkungen verletzten die Fremde ebenso, als wären sie ausgesprochen. Einige Muskeln des dunklen Gesichtes gerieten in flackernde Spannung, bemühten sich, Ideen und Gefühle zurückzuzwängen, die wirr und stickig gemengt aus jenem Schädel, jener Brust herausschwollen.

Ein weißhaariger Bahnarbeiter schielte beklommen nach der neben ihm stehenden rätselhaften Frau, zuckte bei jeder Berührung mit ihr erschrocken zusammen und schlug dann jedesmal heimlich ein Kreuz.

Der einzige, der unbefangen und ohne jede Feindseligkeit sie anschaute, war ein blasser, hagerer Mann, ein Maler, welcher Freude an ihrer künstlerischen Erscheinung hatte. Gewiß, sie ist schmutzig, erklärte er für sich, wird nicht mehr jung sein, aber hat sie nicht sinnvolle, geradezu edle Züge? Wie seltenartig, wie hoheitsvoll wirken die blauen Augen auf dem ruhigen braunen Grund unter dem tiefblauen Haar und dieses brennende Scharlachrot auf dem Tuch!

Die Zigeunerin selbst stellte sich vor (und ein halbes Lächeln kam und schwand ihr), daß der hagere Mann ein Künstler wäre, der Gefallen an ihr und den leuchtenden Farben ihrer Kleider fände. Denn sie kannte ihre Vorzüge recht wohl, hatte dieselben oft, noch am jüngst verflossenen Tage, rühmen hören.

Niemand schien indes die Anstrengung zu bemerken, mit der sie sich äußerlich beherrschte, niemand zu gewahren, was jetzt in ihr vorging.

Nach und nach legte sich dieser innere Kampf, schlief ein in dem erschöpften Körper, welcher sich kaum noch aufrecht zu halten vermochte. Ein Ausdruck milder Ergebenheit, versöhnlicher Müdigkeit lagerte sich in ihre Linien. An jeder Haltestelle der Eisenbahn hatte sie gehofft, daß jemand aussteigen, einen Sitz hinterlassen würde. Es ereignete sich auch zweimal; doch nahmen ihr andere Fahrgäste, eilfertige Männer, die leeren Plätze vorweg.

Ohne Bitterkeit trat sie zurück, wartete, litt, schloß für Sekunden die Lider, reckte sich — im Begriff einzuschlafen — mit mehr Wollen als Können wieder zurecht, verträumte sich an den fernen Schlägen einer Turmuhr.

Noch drei Stationen. Noch dreiundzwanzig Minuten. Nach einer halben Stunde ist alles überwunden, werfe ich mich ins Bett, in mein warmes Bett. Sie fühlte und hörte, wie das Wasser in den Schuhen patschte, und ein Frösteln überwallte ihren Rücken. Fast noch eine halbe Stunde muß ich mich auf den Füßen halten. Gott! — Dort auf der Bank sitzen drei Personen; es könnten auch vier darauf sitzen. Wenn die Bäuerin am Fenster ihr Bündel herunternehmen würde —

80

In diesem Augenblick entfernte die Bäuerin tatsächlich aus eigenem Antrieb das Bündel von der Bank, wandte sich darauf an den Bahnarbeiter und bot ihm den freigewordenen Raum an.

„Ich will nicht," gab der Alte bäuerisch zurück, „ich steige bald aus." Die Hausiererin wagte sich mit einer flehenden Gebärde vor. Nun war doch die Reihe an ihr.

Nein: Weder die Bauersfrau noch ihre seitlichen Nachbarn verstanden das Weib. Im Gegenteil, sie machten sich breit und drehten ihre Köpfe geflissentlich hinweg. Da, als die Landstreicherin noch eingeschüchtert, unschlüssig dort stand, gab ihr auf einmal eine schwarz verschleierte Dame, welche den Vorgang aus einer Ecke gegenüber der Bäuerin verfolgt hatte, ein aufmunterndes Zeichen. Sie warf nur einen kurzen, unauffälligen Blick. Der redete: Armes Weib, setze dich unbekümmert dorthin; ich erlaube es dir und keiner soll's dir verbieten. Dieser weiche Blick, gewärmt und weiter wärmend, redete so viel mehr.

Behutsam ließ sich die Hausiererin neben der Bauersfrau nieder. Sie wickelte den wollenen Umhang fest um Kopf und Brust. Alle Anwesenden im Kupee starrten wie erwartungsvoll auf die Vermummte, auf das grün-weiß-scharlachrote Tuch. Daß es gelinde bebte, fiel ihnen nicht auf, und ganz weit ab davon waren sie, zu ahnen, was sich dahinter begab. Daß dort aus einem namenlosen, seligen Erfülltsein etwas Erhabenes, Gesegnetes, Wunderschönes emporwuchs.

Dann fiel das Tuch. Das braune Haupt zeigte sich ganz und hoch aufgerichtet, und die weit geöffneten blauen Augen sahen einmal lange hinüber zu der schwarzverschleierten Dame. Offenbar wollte die Zigeunerin etwas sprechen; sie überlegte nur noch, wie sie es bestens formen möchte. Schließlich neigte sie sich vor und flüsterte schlecht Russisch: „Wui pannimeide ponimetzki?" Das hieß etwa: Sprechen Sie Deutsch?

81

„Da, da — Ja, ja!" erwiderte die Gefragte erstaunt. Und jene sagte laut mit jäh veränderter, harter Stimme, jedes Wort, jede Silbe, wie aus tiefem Gefühl betonend: „Was müssen Sie für ein guter Mensch sein, der Sie eine Zigeunerin so aufnehmen!"

„Wieso," wehrte die andere halb verlegen, halb geschmeichelt, „Zigeuner sind doch auch Menschen." Und sie hätte gern das Gespräch mit der ungewöhnlichen Frau fortgesponnen, aber die hielt die Worte der Dame für geschwätzig, langweilig und schwieg deshalb. Überdies stoppte bald darauf der Zug, und sie verließ den Wagen, nicht ohne der Verschleierten noch einmal innig zuzunicken.

Draußen, während sie den ausgedehnten schneehellen Platz querte, dann in einen der winterstillen Prospekte einbog, welche den Strandort geradlinig durchschneiden, vermochte sie nicht mehr ihre Stimmung zu dämpfen. Etwas Begeistertes, Herausforderndes machte sich in der Art, wie sie dahinlief, wie sie mit dem Korb schlenkerte, laut mit sich selber sprach, auch in ihren Mienen geltend. Gleich werde ich daheim sein. Jetzt ist alles Schlimme vorüber, und was es mich lehrte, das bleibt mir Gewinn.

Einen ärmlich aussehenden Jungen hielt sie unterwegs an. „Da, nimm! Und sei immer ein braver Mensch; denn das ist die Hauptsache im Leben; alles andere ist —„ sie bediente sich eines sehr kräftigen Vergleiches und drückte dabei dem verdutzten Kinde ihren Hausierkorb in die Hand.

Merkwürdig, fuhr sie weitereilend im stillen für sich fort, unglaubhaft merkwürdig war das alles. Morgen will ich es Melitta erzählen. Doch nein, ich werde es ihr nicht erzählen; sie würde mich schelten oder auslachen, mindestens nicht verstehen und es womöglich gar nicht glauben. — Aber ich werde eine Novelle darüber schreiben. Ja, das will ich, und gelingt es so, wie es jetzt in mir lebt, o, so werden nach Jahren sich noch Tausende daran erbauen!

Sie lenkte ihre Schritte durch ein Gartentor, einer kleinen, hölzernen Villa zu, und über deren Stiegen durch eine offenstehende Tür in den Vorraum, wo ein mißfarbenes Frauenzimmer Messinggegenstände putzte.

Die Zigeunerin haßte diese Aufwärterin ob ihres unfreundlichen, starrköpfigen Wesens und sprach nie mehr als das unumgänglich Notwendige mit ihr. Heute begrüßte sie die Aufwärterin liebevoll heiter: „Guten Morgen, Tatjana!"

Ein paar mürrische, unverständliche Worte kamen zurück. Dennoch bewahrte die Angekommene ein frohlauniges Lächeln, und so betrat sie, wie jemand, der im eignen Heim schaltet, ein Nebenzimmer. Dort schickte sie sich an, im Schubfach eines alten Empireschreibtisches zu kramen.

„Tatjana!"

Die Aufwärterin zeigte sich zur Hälfte in der Türspalte. „Tatjana, deine Schuhe sind greulich zerrissen. Hier schenke ich dir fünf Rubel; kaufe dir neue dafür, hörst du, und schneide nicht immer solch garstiges Gesicht. Du hast hier doch leichten Dienst und — Tatjana — die Welt birgt so viel Schönes und Gutes!"

Unbeholfen, ohne Dank, ergriff die Aufwärterin das Geld und entfernte sich unsicher. Hinter der geschlossenen Tür steckte sie einmal die Zunge heraus, zog eine hämische Grimasse und knurrte tonlos, lettisch: „Das Luder ist besoffen. Eigentlich hätte ich mich zwar bedanken sollen."

Nachdem sie eine Zeitlang den Samowar mit Leder und Putzstein bearbeitet hatte, ward ihre Neugierde wach. Vorsichtig schlich sie zurück, öffnete die Tür und machte sich an dem Messingschloß derselben zu schaffen.

Die Zigeunerin hatte sich, auf dem Bettrand sitzend, der Schuhe entledigt, schleuderte diese weithin über den Fußboden und — anscheinend glaubte sie sich unbeobachtet — deklamierte: „. . . Freunde, überm Sternenzelt —"

Sie riß mit einem Ruck das schwarze Haar von ihrem Kopf, um es im energischen Bogen von sich zu werfen, so daß es an der gegenüberliegenden Wand auf einer Devrientbüste hängen blieb.

„. . . muß ein lieber Vater wohnen!"

Sie zerrte sich die Bluse auf und brachte ein Paar eingerollte Strümpfe zum Vorschein.

Da konnte Tatjana nicht mehr an sich halten, sondern lachte grell auf; und wie um das Derbe dieses Lachens wieder abzuschwächen, fragte sie untertänig in ihrem gebrochenen Deutsch: „Junge Herr haben gewiß sehr lustig gewesen auf Maskenb—„

Sie brach plötzlich blöde, erschrocken ab, denn sie sah zwei Tränen über die Wangen ihres Herrn fallen.

Sie steht doch still (1913)

Ein großer Dampfer schiebt sich durch den Ozean. Auf dem Gitterwerk über dem Maschinenraum liegt ein kranker Mann, das schmutzige Gesicht auf die heißen Stangen gepreßt, nicht schlafend, nicht wachend. Schwüle Dämpfe steigen von unten herauf und hängen Perlen an seine Stirne. Wenn er die Augen öffnet, sieht er Räder, Kessel und Stangen. Er sieht sie jetzt auch mit geschlossenen Augen. Die Maschine stampft, schlägt, braust, dröhnt, wie sie Tag und Nacht tut. Heute hört er es. Dabei wartet er mit Angst auf ein Glockenzeichen. Es muß gleich kommen. Vergeblich versucht er zu schlafen, nichts zu denken. Er sieht Räder, Kessel, Stangen, er denkt an die Glocke und hört das Dröhnen der Maschine. „Sie steht nicht still", flüstert er vor sich hin. Plötzlich liegt Udo neben ihm.

Udo ist schon zwei Wochen tot. Er ist verrückt geworden und über Bord gesprungen, weil — — sie nicht stillstand.

„Udo, glast es bald"« fragt der kranke Mann.

„Noch eine Minute," gibt der andere zurück.

„Udo, — — ich kann nicht mehr."

Udo grinst blöde und schweigt.

„Nicht wahr, sie steht nicht still?"

„Nein, sie steht nicht still."

„Aber wenn wir alle nicht mehr wollen?"

„Alle?" — Udo lacht hart. „Ihr müßt und ihr wollt."

„Udo, ist die Minute bald um?"

Niemand antwortet. Der kranke Heizer ist allein.

Acht Glockenschläge gellen häßlich durch den gleichmäßigen Lärm. Es klingt wie das „Hü, Hü" eines Kutschers.

Der Mann erhebt sich matt und steigt mit klappernden Holzpantoffeln die schwarze Wendeltreppe hinab. Hansen, der abgelöste Heizer, übergibt ihm eine Feile und spricht dabei etwas. Er versteht es nicht. „Sie steht nicht still," murmelt er, ohne aufzusehen.

„Wer steht nicht still?" fragt Hansen verwundert.

„Ach — Udo hat's gesagt."

Hansen dreht sich ärgerlich um und steigt mit einer höhnischen Bemerkung an Deck. Der Mann unten legt die Feile fort, nimmt eine Kanne und beginnt zu ölen. Der Maschinist tritt aus dem Heizraum ein. Er gibt irgendeine Anweisung. Der Heizer tritt an das große Rad, um das Ölbassin aufzufüllen. „Sie steht nicht still," stöhnt er ganz leise und schauert dabei zusammen, als ob er fröre. Auf einmal ist der Heizer nicht mehr da. Es klingt schrecklich, wenn ein menschlicher Körper zermahlen wird, noch viel schrecklicher als das kurze Todesgekreisch eines, der verunglückt. Der Maschinist hält sich die Ohren zu und starrt zitternd, bleich, mit verzerrten Augen auf die roten Fetzen an dem rotierenden Rad. — — Im Vorderschiff unter Deck trinkt Hansen Kaffee mit anderen Heizern. Mitten im lustigen Gespräch setzt er seine Tasse nieder und wendet horchend sein Gesicht zu Boden. Dann sagt er tiefernst: „Sie steht doch still!"

Die wilde Miß vom Ohio (1913)

Ich rede von einem jener gott- und menschenverlassenen Eisenbahnpunkte, wo normale Fremde den Verstand verlieren, wenn sie nicht Schlafvirtuosen sind oder ein dichterisches Verständnis für die Poesie der Öde haben. —

Als ich die Tür zur Wartehalle klinkte, flehte ich irgendeine überirdische Macht an, mich nicht in eine Gesellschaft zu lancieren, die über Bierqualitäten, Zufälle im Lotteriespiele oder innere Politik polemisierte.

Es war jedoch nur ein einziger Gast anwesend, eine stattliche Baron-Offizier-Lebemannerscheinung, die mir gleich durch eine kurze Kopfbewegung zu verstehen gab, daß ich mich zu den unsichtbaren Geistern zählen dürfe. Das war ganz nach meinem Sinn, und ich drückte mich selbst in den entferntesten Winkel, gleichfalls ein deutliches `Noli me tangere` in meine Züge legend.

Der Herr „Ober" bemühte sich, meine schlechte Stimmung auf den nervösesten Punkt zu schrauben, durch allerhand Schikanen, die ich in vier Humoresken und einer Tragödie zu verwenden gedenke. Dann allmählich schlief er am Zeitungsständer ein. Und nun war es still in der leeren Halle. Nur ein melancholischer Landregen nässelte an den Fensterscheiben.

Der Baronartige starrte regungslos auf eine Flasche Burgunder. Ich hatte das Gefühl, daß ich ohne seine Gegenwart ein stimmungsvolles Gedicht verfassen könnte. Die Hände vor die Augen pressend, um ihn nicht mehr zu sehen, gewahrte ich durch die Fingerspalten, daß er energische und eigentlich mehr zielbewußte als blasierte Gesichtslinien hatte, daß eine breite Narbe an seiner Schläfe nicht übel wirkte und daß er einen pompösen, exotischen Ring trug.

87

Die Einsamkeit ist die Treppe zum Gedankenkeller. Sie ist selbstverständlich wertlos für denjenigen, der unten nichts auf Lager hat. Wer aber sein Fäßchen oder gar Fässer, Tonnen dort liegen weiß — meistens die, welche oben nur wenig verzapfen — dem fällt es nicht schwer, die Stunden in dieser erfrischend kühlen Tiefe totzuschlagen.

Auch ich wollte mein Fläschchen Spiritus heraufholen, um damit den eingeborenen Zeltinger zu veredeln, den mir das Bahnhofsrestaurant zu Kriegspreisen aufgetischt hatte.

Der Baron war wirklich im Grunde ein recht sympathischer Mann. Er schien ebenfalls trübseliger Laune zu sein und saß noch immer wie ich über sein Glas gebeugt — Zigarrenrauch und Asche studierend.

Da öffnete sich die Türe. Ein älterer, wettergebräunter Dritter im Jagdkostüm blieb auf der Schwelle stehen.

Der Baron bemerkte ihm sofort durch eine kurze Kopfbewegung, daß er sich zu den unsichtbaren Geistern zählen dürfe, und ich legte ein deutliches Noli me tangere in meine Züge. Der Jäger aber bediente sich einer noch überlegeneren Sprache. Er sah sich weder nach dem Baron noch nach mir um, sondern placierte sich mit geometrischer Geschicklichkeit so, daß er uns beiden gleichzeitig den Rücken zudrehte. Die schikanöse Einleitung des Kellners kürzte er dadurch ab, daß er ihn sehr bald mit Kamel anredete.

Ich fühlte mein Dichtermilieu durch einen struppigen Bart, verwegen rollende Augen und eine lokomotivierende Meerschaumpfeife erheblich gestört.

Erst als der wilde Mann mit einem Glas heißer Milch gestillt war und das dienstbare Kamel seine Journal-Ecke wieder eingenommen, trat der status quo ein. Dieses Verhältnis nahm mit der Zeit einen ganz friedlichen Charakter an. Es war, als hätten wir ein stilles Abkommen getroffen, einander rücksichtsvoll zu ignorieren.

Der Ofen begann wie in einer Anwandlung von Mitleid geheimnisvoll zu knistern. In tiefes Sinnen versunken, rührten wir uns nicht. Nur wenn der Kellner seine Beinstellung wechselte, hoben sich für einen Moment drei müde Häupter. Dann war alles tot.

An was denkt man in solcher Situation wohl? — — —

Das wird immer individuell sein. Ich z. B. dachte — — ach nein, das ist ganz gleichgültig.

Jedenfalls wurde die Ruhe plötzlich unterbrochen. Es war die seltsame Melodie eines mir unbekannten Liedes, halblaut durch die Zähne gesummt. Ich warf dem Jäger einen vorwurfsvollen Blick zu und beobachtete dann, wie der Baron sich verhielt.

Er hatte gleich mir den Kopf erhoben und außerdem eine Zeitung ergriffen, aber ich bemerkte, daß er hinter derselben neugierig den Jäger fixierte. Gleich darauf legte er das Blatt beiseite, leerte sein Glas mit einem nervösen Schluck, trommelte mit den Fingern auf das Tischtuch und stimmte leise pfeifend in das Lied, dasselbe Lied ein.

Nun sah auch der wilde Mann auf und schwieg. Der Baron schwieg gleichfalls. Es kam mir vor, als sei ein kleines Vorpostengefecht beendet.

Plötzlich erhob sich der Burgunderherr, trat mit ungezwungen vornehmer Haltung an den Jäger heran und sagte: „Mein Herr, erlauben Sie mir die Frage: Waren Sie je am Ohio?"

„Ja," erwiderte der andere erstaunt.

„Und Sie kennen die wilde Miß vom Ohio?"

„The wild Miß? — — —" Etwas wie ein wehmütig-glückliches Lächeln fuhr über das harte Jägergesicht. Er hielt dem Frager seine kräftige Rechte hin, und dann gab's einen Handschlag, den ich im Leben nicht wieder vergessen werde. Und nun rückten die beiden zusammen, und der Kellner wurde aus seinem Presseschlummer gejagt, um Sekt und Zigarren zu bringen, und dann begannen die beiden zu fragen und zu erzählen, und dazwischen stießen sie so feurig die Gläser zusammen, daß der Kellner jedesmal zusammenfuhr.

Ich verstand kein Wort weiter von dem, was da besprochen wurde, aber ich glaubte den Inhalt zu erraten, und das Herz ward mir dabei weit, als sei ich berauscht.

Es mußte eine köstliche, interessante Erzählung sein — aus dem Leben dieser Männer, und das Lied, woran sich beide erkannt hatten, sowie die wilde Miß vom Ohio mußten irgendeine romantische Rolle darin spielen. Leidenschaftliche, gefährlich-schöne, vielleicht teilweise sehr traurige Erlebnisse.

Ich sah ein einsames Licht aus dem nachtdunklen Ufergebüsch des Ohio blinken. Die wilde Miß stand vor mir, eine herrliche, heißblütige Kreolin mit tiefschwarzen, verführerischen Augen, und ich wob einen spannenden und ergreifenden Roman um sie. — —

Die Augen der Erzähler leuchteten begeistert, ihr Sekt schäumte und der Zigarrenrauch umlagerte sie, wie Nebelwolken, den kühlen, schwarzen Fluten des Ohio entstiegen. Ich aber saß einsam in meiner Ecke und spürte eine so gewaltige Sehnsucht danach, auch Anteil an diesen bewegten Erinnerungen zu haben und hinzugehen, um zu sagen: Meine Herren, auch ich kenne das Lied, den Ohio und die wilde Miß. Darf ich mich zu euch setzen? — —

Glückliche, beneidenswerte Weltmenschen! —

Noch nie hatte ich ein Alleinsein so bitter empfunden wie in dieser Stunde. Ich faßte den Entschluß, mir auch ohne Belege als Zuhörer einen Platz bei den beiden zu erbitten.

Da pfiff etwas. Ein Zischen — ein Rollen — — der Zug lief ein — —

Ich habe weder den Jäger, noch den Baron wiedergesehen. Die Geschichte der wilden Miß vom Ohio habe ich nie erfahren, aber wenn ich mich ihres Titels erinnere, habe ich eine häßliche, drückende Empfindung.

Es ist das Gefühl des Unbefriedigtseins. Etwa wie wenn man während einer spannenden Lektüre nach der weggelegten Zigarre greift und plötzlich merkt, daß diese auf unerklärliche Weise abhanden gekommen — —

Nein, es ist ein ganz anderes, viel tieferes, trüberes Gefühl.